W0188866

Aus Freude am Lesen

Halldór Gudmundsson
Wir sind alle Isländer

Halldór Gudmundsson
unter Mitarbeit von Dagur Gunnarsson

Wir sind alle Isländer

Von Lust und Frust,
in der Krise zu sein

btb

Redaktion und deutsche Bearbeitung
von Regina Kammerer

Karikaturen von
Halldór Baldursson

Fotos von Dagur Gunnarsson

Für Mamutschka, die sehr
viel schlimmere Krisen erlebt hat.

FSC
Mix
Produktgruppe aus vorbildlich
bewirtschafteten Wäldern und
anderen kontrollierten Herkünften
Zert.-Nr. SGS-COC-1940
www.fsc.org
© 1996 Forest Stewardship Council

Verlagsgruppe Random House FSC-DEU-0100
Das für dieses Buch verwendete FSC-zertifizierte Papier
Munken Print Cream liefert Arctic Paper Munkedals AB, Schweden.

1. Auflage
Copyright © 2009 by btb Verlag
in der Verlagsgruppe Random House GmbH, München
Satz: Uhl + Massopust, Aalen
Druck und Einband: GGP Media GmbH, Pößneck
Printed in Germany
ISBN 978-3-442-75248-5

www.btb-verlag.de

Inhalt

Prolog

Der Krach war unglaublich laut an diesem hellen Sommer-
abend vor knapp zwei Jahren, vielleicht weil er wie eine Ex-
plosion in eine totale Stille hereinbrach. Wir, meine Frau Anna
und ich, waren auf Flatey, der kleinen Insel im Breidafjördur,
dem breiten Fjord im Westen Islands, und liefen sofort zum
Fenster, um zu sehen, was eigentlich los war. Der Himmel war
wolkenlos und tiefblau, nur ein leichter rötlicher Schimmer
zeigte an, dass es bald Abend werden würde. Flatey ist ein ausgesprochen friedlicher Ort, das letzte Fleckchen Erde auf Island, das einem eine Ahnung davon gibt, wie ein Dorf aus dem
neunzehnten Jahrhundert ausgesehen haben mag. Hier wurde
immer Handel getrieben, selbst zu Zeiten der mehr oder weniger ständigen Hungersnot, die vor anderthalb Jahrhunderten
viele Isländer nach Amerika trieb. Am Breidafjördur gab es
immer Fisch und Fleisch, und selbst in den schlimmsten Zeiten mussten die Menschen hier nicht hungern. In den vergan-
genen dreißig Jahren wurden die Katen auf Flatey aufwendig
renoviert und hauptsächlich als Sommerhäuser verwendet; im
Winter dann wohnen nur noch zwei Bauern auf der Insel, die
einander misstrauisch umkreisen, wie es sich gehört auf einer kleinen Insel. Das Dörfchen ist so pittoresk, dass es in der
Vergangenheit mehrmals als Filmkulisse diente – einige deut-

sche Leser mögen sich vielleicht sogar noch daran erinnern, denn dort wurde seinerzeit die beliebte Fernsehserie *Nonni und Manni* gedreht.

In den Sommermonaten legt die Fähre aus Stykkishólmur zweimal am Tag auf ihrem Weg zu den Westfjorden an, und am Wochenende drehen manchmal Touristen ihre Runden, um sich die hübschen Häuser anzuschauen oder zu den Vogelbergen zu spazieren; inzwischen gibt es sogar ein kleines Hotel auf Flatey. Aber unter der Woche ist normalerweise nicht viel los auf der Insel, und außer dem Vogelgesang und vielleicht einem kleinen Fischerboot in der Ferne herrscht Stille. Einen solchen Lärm hatten wir bei unseren vielen Besuchen auf Flatey noch nie erlebt. Wir starteten Richtung Kirche, dem höchstgelegenen Gebäude der Insel, und da kam er dann auch plötzlich zum Vorschein, der schwarze Hubschrauber, der den Krach verursachte. Fast schien es, als landete er auf dem Friedhof, aber die fünf Kinder im Dorf, die sofort losrannten, um sich das Spektakel anzusehen, stellten schnell fest, dass er sich die Wiese gleich nebenan als Landeplatz ausgesucht hatte.

Alle Dorfbewohner hatten sich versammelt, als zwei Männer – der Pilot und der Besitzer des Hubschraubers – ausstiegen, mit Sonnenbrillen und in diesen ganz leichten, schwarzen Lederjacken, die eher teuer als nützlich sind. Der Besitzer des Prestigeobjekts war ein Isländer, Olafur Olafsson, einer aus der relativ jungen Garde heimischer Milliardäre. Ein freundlicher Mann, vielen dadurch bekannt, dass er es sich hatte leisten können, Elton John für ein Privatkonzert zu seinem fünfzigsten Geburtstag einfliegen zu lassen. Und freundlich erwies er sich auch auf Flatey: Er ließ den Piloten mit den ältesten Kindern des Dorfes eine Runde über die Insel drehen, bevor er sich für eine Nacht im Hotel einquartierte. Tags darauf flog er zum Hornbjarg, dem hohen, unzugänglichen Vogelberg an der nordwestlichen Spitze Islands, zu dem die meisten nur in ihren Träumen gelangen. Zu dieser Zeit war Olafur Olafsson einer der Hauptaktionäre der Kaupthing Bank, der größten isländischen Bank, und selbstverständlich steinreich. Kaupthing entstand nach der Privatisierung der Landwirtschaftsbank, Bunadarbankinn, die an Geschäftsleute ging, die der Progressiven Partei nahestanden – eigentlich ganz natürlich, da die Mitte-Rechts-Partei der Progressiven ursprünglich eine Bauernpartei gewesen war. In deren Firmengeflecht war Olafur Olafsson ein wichtiger »Player«, wie wir es schon damals zu nennen wussten, und so konnte er sich ein paar Jahre nach der Gründung der Kaupthing Bank einen Hubschrauber leisten, um sein Sommerhaus im Westen Islands aufzusuchen. Und Flatey, die Insel, die nur eine halbe Flugstunde davon entfernt lag.

Überhaupt scheint Olafsson eine Vorliebe für Inseln zu haben. Auf den Tortola-Inseln, einem Teil der britischen Jungfern-Inseln, gehören ihm bzw. seinen Gesellschaften wahrscheinlich mehrere Dutzend Firmen. Die Tortola-Inseln sind nicht viel größer als Flatey, aber statt zwei Bauern sind dort mehrere Hundert Firmen allein aus Island beheimatet – über die nicht viel größeren Cayman-Inseln sagte US-Präsident Obama neulich, dort müsste eigentlich das höchste Haus der Welt stehen, denn über zwölftausend amerikanische Firmen wiesen dort seltsamerweise dieselbe Adresse auf. Erst nach dem Kollaps des heimischen Finanzsystems erfuhren die Isländer, dass sage und schreibe einhundertsechsunddreißig auf den Tortola-Inseln ansässige Firmen die Erlaubnis hatten, in Island Bankgeschäfte zu betreiben. Was selbstverständlich an den dort herrschenden, ausgesprochen freizügigen Steuergesetzen lag. Man zahlte eine jährliche Gebühr für den Firmensitz, das war's.

Es ist nicht immer leicht, etwas über die wahren Besitzer dieser Firmen herauszufinden. Meistens werden sie von Mittelsmännern oder Banken gelenkt; Kaupthing beispielsweise hat viele isländische Gesellschaften auf den Tortola-Inseln verwaltet, das heißt die Gebühren bezahlt und für eine ordnungsmäßige Gründung gesorgt. Einige davon gehörten Scheich Mohammed Bin Khalifa Al-Thani aus Katar, einem ebenfalls ausgesprochen inselfreudigen Menschen. Er ist bis heute mit Olafur Olafsson befreundet, und genau ein Jahr nach dem oben erwähnten Besuch auf Flatey, im Juli 2008, kam Olafsson wieder und brachte ein Mitglied der Al-Thani-Familie gleich mit. Ein arabischer Scheich auf Flatey: da verblasst sogar der Eisbär, den die Filmemacher von *Nonni und Manni* seinerzeit auf die Insel brachten. Zwei Wochen vor dem Kollaps der isländischen Banken, im September 2008, wurde bekannt gegeben, dass der Island- und Inselfreund aus Katar fünf Prozent der Kaupthing Bank gekauft habe. Stolz wiesen die Manager darauf hin, dies sei der Beweis dafür, dass ausländische Investoren den Glauben an die isländischen Banken nicht verloren hätten und von der Zukunft unseres Finanzwesens überzeugt seien.

Nach dem Sturz der Banken wurde der Glaube der Isländer an den Scheich allerdings schwer erschüttert – selbst derer, die ihn seinerzeit auf Flatey zu Gesicht bekommen hatten. Er schien nicht auffindbar. Und schlimmer noch: das Geld, mit dem er seinen angeblichen Anteil an Kaupthing erworben hatte, schien auch nirgendwo gebucht. Hingegen hatte die

Bank ihm bzw. seinen Firmen in der Vergangenheit hohe Kredite gewährt, allein fünfzig Millionen Dollar noch in der Woche vor dem Zusammenbruch, glaubt man den isländischen Zeitungen. Plötzlich waren sie alle verschwunden, die isländischen Milliardäre und die ausländischen Investoren. Auch Olafur Olafsson war nicht mehr ganz so prominent. Und doch: Im Februar dieses Jahres stiftete sein Wohltätigkeitsfonds den Isländern zwanzig Millionen Kronen, um die psychologischen Folgen des Zusammenbruchs der Banken zu bekämpfen.

Wie eine Hubschrauberlandung auf Flatey: So brach der globale Finanzkapitalismus Anfang des 21. Jahrhunderts über Island herein, mit einem Riesenkrach, und wie kleine Kinder liefen wir ihm freudig entgegen, um einen Rundflug zu machen. Genauso schnell verschwand er wieder, mit all seinen Akteuren. Und jetzt müssen wir Isländer lernen, mit Lust und Frust in der Krise zu sein. Wie allmählich die ganze westliche Welt.

Sagenhafter Reichtum
einer kleinen Insel

In England there are certain traditional ways of living and spending for rich people which at least give them a certain grace. In Iceland there are none.

W.H. Auden, Letters from Iceland, 1937

Am Freitag, dem 13. März 2009, fand in Reykjavík eine ungewöhnliche, aber gut besuchte Veranstaltung statt. Vertreter des kanadischen Bundesstaates Manitoba stellten Jobmöglichkeiten in ihrem Heimatland vor. In Manitoba herrsche Mangel an gut ausgebildeten Arbeitskräften, und Isländer würden dort besonders willkommen geheißen. Zu der Zeit waren auf Island bereits siebzehntausend Arbeitslose registriert. Fünfhundert Leute kamen zu dieser Veranstaltung – die man auch live im Internet verfolgen konnte –, um sich über Arbeitsplätze in Kanada zu erkundigen. Ein paar Wochen zuvor war bereits die Bürgermeisterin der Kleinstadt Gimli am Lake Winnipeg nach Island gereist, um den Medien ganz Ähnliches zu erzählen, in wunderbarem Isländisch übrigens.

Wieso in aller Welt sollten Isländer auf den endlosen Prärien von Manitoba ihr Glück versuchen? Und wieso sind sie dort besonders willkommen? Die Antwort ist einfach: weil sie das schon einmal getan haben. Wahrscheinlich gibt es dort bis zu hunderttausend Menschen isländischer Abstammung. Wenn man so will, lernen Isländer von klein auf, auf der Hut zu sein. In den Jahrzehnten nach 1870 floh knapp ein Viertel der Bevölkerung in den Westen, der Großteil davon nach Kanada – in Folge von Vulkanausbrüchen, harten Wintern und dem daraus resultierenden Lebensmittelmangel konnte das Land einfach nicht mehr Menschen ernähren. »New Iceland« nannten die Flüchtlinge die Gegend am Winnipegsee, wo sie sich ansiedelten, und eine Zeitlang hatten sie dort sogar ihr eigenes Grundgesetz. Anfang des 20. Jahrhunderts ebbte die Siedlungswelle wieder ab. Wird sie sich jetzt, ein Jahrhundert später, wieder von neuem erheben? Und wo finden die Isländer nun das neue Island, das sie so dringend benötigen?

Die Flucht gen Westen am Ende des 19. Jahrhunderts bedeutete in den Augen mancher die endgültige Kapitulation vor den unüberwindbaren Schwierigkeiten, die damit verbunden sind, auf Island zu leben. Schon seit Jahrhunderten war die Grenze der Bewohnbarkeit erreicht. Auch die so genannte Neuzeit brachte auf Island keine Fortschritte mit sich. Im Jahre 1801 lebten hier weniger Einwohner als im Jahre 1700, insgesamt 47 240 Menschen laut Volkszählung – wesentlich weniger als im 12. Jahrhundert. In Regierungskreisen der Kolonialmacht Dänemark diskutierte man im 18. Jahrhundert allen Ernstes, die wenigen Isländer auf die Heiden in Jütland umzusiedeln. Es würde sich nicht lohnen, Island bewohnt zu halten. Auch im 19. Jahrhundert war Reykjavík nur ein Dorf, »die ärmlichste Stätte, die ich je gesehen habe«, wie der amerikanische Reisende John Ross Browne in sein Tagebuch schrieb, »dessen Straßenbild von Hunden und Fliegen« dominiert werde. Urbanisierung, bürgerliche Kultur, Selbständigkeit: alles schien in weiter Ferne. Erst der Fischfang mit Trawlern ab 1906 markierte in Island die industrielle Revolution. Und erst der Zweite Weltkrieg, als die Zahl der amerikanischen Soldaten in Island ungefähr so groß war wie die Einwohnerzahl, brachte richtig Geld ins Land. In fünfzig Jahren machte Island danach die Entwicklung durch, die in anderen westlichen Ländern dreihundert Jahre dauerte. Die Isländer sind per Definition neureich.

Im Jahre 2005 waren die Isländer dann das fünftreichste Land der Welt, gemessen am Pro-Kopf-Einkommen. Jetzt, vier Jahre später, planen sie wieder die Flucht nach Manitoba. Was ist in der Zwischenzeit passiert?

* * *

Es fing alles mit der Privatisierung der Banken Anfang des neuen Jahrhunderts an, sagt man jetzt. Vielleicht sollte man jedoch weiter zurückgehen. Die Unabhängigkeitspartei, seit dem Krieg größte Partei des Landes, stellte von 1991 bis Anfang 2009 die Regierung; stärkste politische Kraft war sie in den Nachkriegsjahren sowieso. Ihr Führer, der charismatische ehemalige Bürgermeister von Reykjavík, David Oddsson, wurde ein Jahr nach Margret Thatchers Abgang in England Premierminister in Island, und zwar mit ihrer Politik. Wie sie und seinerzeit Ronald Reagan war er ein Anhänger des wirtschaftlichen Liberalismus oder Neo-Liberalismus, wo Freiheit immer mehr Markt und weniger Staat bedeutet und die Politik sich idealerweise überflüssig macht; für Letzteres war Oddsson indes zu sehr Machtmensch. Vieles konnte auch in eine marktwirtschaftliche Richtung gelenkt werden: Der isländische Kapitalismus vor 1990 war in mancher Hinsicht ein Staatskapitalismus. Die großen Banken gehörten alle dem Staat, und um einen Kredit zu bekommen, war ein gutes Verhältnis zu einem Politiker manchmal genauso wichtig wie die eigene Solvenz. Man war lange verpflichtet, Einnahmen in ausländische Währung einzutauschen, und der Wechselkurs der Krone war staatlich festgeschrieben und wurde regelmäßig heruntergesetzt. Bis 1986 gab es auch nur einen staatlichen Fernsehkanal, und die Printmedien waren fast allesamt

Parteizeitungen. Wirtschaftlich hatten sich die Isländer längst an eine haushohe Inflation gewöhnt: Als ich Mitte der achtziger Jahre als Verleger anfing, erhöhten wir vor jeder Weihnachtssaison die Buchpreise um dreißig Prozent, als ob es das Selbstverständlichste auf der Welt wäre. Die isländische Krone war im Ausland ein Witz, mehr Verlass war da noch auf die gute alte Briefmarkensammlung. Sparen lohnte sich auf keinen Fall, in einem Land, wo die Zinsen meistens nicht mit der Inflation Schritt hielten. Das Resultat war ein anderes Verständnis von Geld, als es zum Beispiel die vorsichtigen Nachkriegsdeutschen haben, um es einmal behutsam zu formulieren.

Das änderte sich alles in den neunziger Jahren. 1990 wurde das so genannte Quotensystem in der Fischerei eingeführt (in anderer Form gab es das schon seit 1984). Ursprünglich nicht zuletzt dazu gedacht, die Fischgründe im Meer rund um Island zu schützen und eine vernünftige Fischereipolitik zu betreiben, war die Verteilung der Quoten immer sehr umstritten. Sie wurde als nicht gerecht betrachtet: Sie bevorzuge die Wohlhabenden, führe zur Bildung weniger, großer Fischereibetriebe und gebe Neugründungen keine Chance. Inzwischen meinen manche, wie etwa der Ökonom Thorvaldur Gylfason, dass sich die Kluft zwischen Moral und Wirtschaft, in die wir jetzt alle gefallen sind, zuerst mit dem Quotensystem aufgetan hat. Als die Isländer zum ersten Mal Fisch verkaufen konnten, den sie noch nicht gefangen hatten. Aber am Anfang sahen es die wenigsten so.

Bis 1992 unterlagen alle Währungsgeschäfte strengen staatlichen Kontrollen. Wenn zum Beispiel ein Isländer für eine Auslandsreise harte Währung benötigte, musste er sein Flugticket vorzeigen. Anfang der neunziger Jahre entschloss sich

Island dann, dem Europäischen Wirtschaftsraum beizutreten, der ab 1994 die EFTA-Länder – jetzt nur noch Island, Norwegen und Liechtenstein, da die Schweiz ein anderes Abkommen hat – mit der EU verband. In streng wirtschaftlicher Hinsicht kam das fast einem EU-Beitritt gleich, und damit tat auch Island große Schritte in Richtung einer westeuropäischen Marktwirtschaft. Die späten neunziger Jahre waren von einem steten Wirtschaftswachstum geprägt, die Krone wurde stärker, die Inflation schwand, die isländische Gesellschaft verlor ihre letzten, wenn man so will, »osteuropäischen« Eigenschaften. Es war eine Zeit des Optimismus und der Expansion, und dem konnte auch das Platzen der Internetblase um die Jahrtausendwende nicht Einhalt gebieten. Nach der Wahl 1999 schien für David Oddsson alles machbar, und nun galt es zu privatisieren: die Banken, die Post, die staatliche Telefongesellschaft und am liebsten auch Teile des Schul- und Gesundheitssystems. Jeder, der abwarten oder auch nur nachdenken wollte, erschien wie ein Spielverderber. Tempo war gefragt, und die Parteien wetteiferten darum, wer marktfreundlicher war als der andere.

In diesen Jahren hingen die Isländer auch einem anderen Traum nach, den der Autor Andri Snaer Magnason in seinem Buch »Traumland« beschrieben hat. Man wollte die natürliche isländische Energie, in Wasserkraftwerken und geothermischen Kraftwerken gebündelt, an die ausländische Großindustrie verkaufen, und damit neue Investoren ins Land holen. Island sollte eine der wichtigsten Bastionen der Aluminiumindustrie in der westlichen Welt werden. Im Jahr 2002 beschloss Althingi, das Parlament, mit großer Mehrheit den Bau eines Wasserkraftwerks bei den Karahnjukar-Bergen im Osten des Landes. Ein Riesendamm sollte dem Kraftwerk eine

Kapazität von 690 Megawatt sichern. Diese Elektrizität wurde dann an den amerikanischen Aluminiumriesen Alcoa verkauft, der an dem nahe gelegenen Reydarfjord eine Fabrik errichtete, die im Jahr knapp dreihunderttausend Tonnen Aluminium produzieren kann. All das ist in den letzten sechs Jahren geschehen; in diesen Jahren floss eine Unmenge Geld ins Land, und man betrachtete die Naturschützer und Skeptiker wieder mal als Spielverderber. Mit dem abrupten Sturz des Aluminiumpreises in der jetzigen Krise scheint auch dieser Traum fürs Erste ausgeträumt.

Im Jahr 2002 sollten auch die letzten Schritte zur endgültigen Privatisierung der Banken getan werden. Es ging um die zwei großen Staatsbanken, Landsbankinn und Bunadarbankinn. Die erste gab es schon seit 1886, und von 1927 bis 1961 fungierte sie sogar als Notenbank. Bunadarbankinn, die Bank der Landwirtschaft, wurde 1930 gegründet und galt als eine sehr stabile Bank. Erste Schritte in Richtung privater Eigentumsverhältnisse waren schon 1998 unternommen worden, als beide Banken zu Aktiengesellschaften umgebildet wurden, obwohl der Staat weiterhin Haupteigentümer blieb. Jetzt sollte der kontrollierende Staatsanteil verkauft werden, und ein Privatisierungskomitee bereitete den Verkauf vor. Genauer gesagt waren es zwei Komitees. Das eine setzte sich aus Beamten und Fachleuten zusammen, die jedoch von der Politik nominiert waren. Das andere bestand aus vier Ministern der Regierung, und dort wurden alle endgültigen Entscheidungen getroffen: dies waren von der Unabhängigkeitspartei die Minister David Oddsson und Geir Haarde sowie Valgerdur Sverrisdottir und Halldór Asgrimsson von der Progressiven Partei.

In den isländischen Medien ist diese Zeit – dieser Prozess

vom Sommer 2002 – ein breites Thema. Es ist eine kompli-
zierte Geschichte, die unter anderem dazu führte, dass ein Ex-
perte aus dem Privatisierungskomitee, Steingrimur Ari Ara-
son, zurücktrat, weil er eigenen Angaben zufolge nie im Leben
so unsaubere Arbeitsweisen erlebt hatte. Aber die Fakten sprechen für sich: Ursprünglich plante man eine breite Eigentums-
verteilung mit vielen Kleinaktionären. Von dieser Politik wich
man ab und fand für beide Banken je eine Haupteigentümer-
gruppe, die jede für sich einer der Regierungsparteien nahestanden. Leitender Hauptaktionär der Landsbanki wurde die
Samson-Gruppe, mit 45,8 Prozent der Aktien, die sie für zwölf
Milliarden Kronen erhielt. Ein ähnlich hoher Anteil von Bunadarbankinn wurde an die so genannte S-Gruppe verkauft.
Die Samson-Gruppe, bestehend aus Björgolfur Gudmundsson, seinem Sohn Björgolfur Thor Björgolfsson und deren engem Mitarbeiter Magnus Thorsteinsson, schien – wie
der biblische Name andeutet – unglaublich stark. So etwas
von Kaufkraft hatten die Isländer noch nie erlebt. Björgolfur,
den Älteren, kannte man schon, seine Reederei Hafskip hatte
seinerzeit einen spektakulären Konkurs erlitten, der ihn zeit-
weise in Untersuchungshaft brachte, aber die anderen waren
junge Löwen, deren Treiben auf dem isländischen Markt man
gespannt entgegensah. Die drei hatten ab 1993 ihr Glück im
russischen St. Petersburg im Brauereigeschäft versucht; am
Anfang hatten sie mit schwierigen Problemen zu kämpfen,
aber langsam ging es aufwärts, und großen Erfolg hatten sie
schließlich mit ihrer Brauerei Bravo. Im Jahre 2002 verkauften
sie diese an Heineken für vierhundert Millionen US-Dollar, damals fünfunddreißig Milliarden Kronen – Landsbankinn hätten sie also gleich dreimal kaufen können.

Björgolfur Gudmundsson war schon seit einiger Zeit auf den Heimatmarkt zurückgekehrt. Er war mit seinen Partnern in die wachsende Pharmabranche auf Island eingestiegen, und überdies hatte er auch kulturelle Interessen; unter anderem übernahm er im Frühjahr 2002 die Mehrheit am Verlag Edda/Mal og menning, bei dem ich damals als Verleger tätig war und der in finanzielle Bedrängnis geraten war (2007 kaufte die alte Literaturgesellschaft Mal og menning, ursprünglicher Eigentümer des Verlags, die Anteile wieder zurück, aber das ist eine andere Geschichte). Björgolfur war sehr an seinem Renommee gelegen. Er tat sich in den nächsten Jahren als Kunstmäzen hervor und war treibende Kraft beim Bau der isländischen Konzerthalle, die derzeit halbfertig als größte Denkmalsruine der isländischen Megalomanie am Hafen von Reykjavík steht.

Nicht überraschenderweise sagte man Leuten, die in diesen Jahren in Russland reich wurden, Mafiakontakte nach; unter anderem berichtete die englische Zeitung *The Guardian* (16/6 2005) über mysteriöse Todesfälle im Petersburger Brauereiwesen, und auch auf Island hat es nie an solchen Geschichten gemangelt. Bewiesen ist bisher nichts, und Heineken behauptete seinerzeit, sie hätten die Brauerei Bravo gerade deshalb gekauft, weil sie keine Verbindung zur Mafia hätte.

In den nächsten Jahren tat sich Björgolfur, der Jüngere, als internationaler Investor hervor, nicht zuletzt als Haupteigentümer des Pharmakonzerns Actavis, und im Jahre 2008 listete Forbes ihn auf Platz 307 der reichsten Männer der Welt – in England, wo er lebt, kam er das Jahr davor sogar auf Platz 23 mit einem Privateigentum von über zwei Milliarden Pfund. Seitdem ist er um vierhundert Plätze gefallen. Es darf erwähnt werden, dass die Deutsche Bank in diesen ersten, intensiven Jahren Vater und Sohn bei deren Investitionen den Rücken stärkte.

Aber zurück zum Sommerschlussverkauf 2002: Björgolfur Gudmundsson verfügte schon lange über sehr gute Kontakte zur Unabhängigkeitspartei und hatte auch Parteiämter bekleidet. David Oddsson war daran gelegen, dass die zukünftigen Eigentümer der ältesten isländischen Bank sich auf jeden Fall »auf Gesprächshöhe mit der Partei« befinden würden, wie es der langjährige Redakteur von *Morgunbladid*, Styrmir Gunnarsson, einmal formulierte. Vielleicht wollte Oddsson auch wenigstens einen Teil des Erlöses vom Brauereiverkauf nach Island holen. Auf jeden Fall ging Landsbanki im Herbst an Samson, obwohl sie nicht das höchste, vielleicht sogar das niedrigste Angebot abgegeben hatten. Und als Björgolfur Gudmundsson danach den ersten, angeblich nach rein fachlichen Gesichtspunkten ausgewählten, »unpolitischen« Aufsichtsrat der Landsbanki der Öffentlichkeit präsentierte, war dessen Vizevorsitzender Kjartan Gunnarsson, Generalsekretär und graue Eminenz der Unabhängigkeitspartei.

Die Progressive Partei wollte daraufhin natürlich, dass ihre »Gesprächspartner« ebenfalls mit am Tisch säßen und auf jeden Fall beim Verkauf von Bunadarbankinn, die der Partei sowieso schon nahestand, bedacht würden. Man verhandelte mit der sogenannten S-Gruppe, die unter anderem aus Firmen bestand, die auf die alte genossenschaftliche Bewegung in der Landwirtschaft zurückgingen; an der Spitze dieser Gruppe befanden sich Finnur Ingolfsson, früher Zentralbankdirektor und Minister für die Progressiven, sowie Elton-John-Fan Olafur Olafsson, der uns schon durch seine Leidenschaft für Hubschrauber bekannt ist. Im Zuge der Privatisierungsdebatte hatte man immer gesagt, man erhoffe sich die Teilnahme ausländischer Investoren, sowohl aus finanziellen wie fachlichen Gründen, und so brachte die S-Gruppe bei den Verhandlungen die französische Großbank Société Générale ins Spiel. Daraus wurde jedoch nichts, und fraglich ist, ob die Franzosen je überhaupt interessiert waren. Stattdessen wies man darauf hin, dass eine deutsche Bank Mitglied der Eigentümergruppe werden wolle. Und zwar die kleine Privatbank Hauck und Aufhäuser, die auch den meisten deutschen Lesern wohl unbekannt sein dürfte. Ihre Rolle in der S-Gruppe ist eher obskur; fest steht nur, dass sie zwei Jahre später ihren Anteil wieder an andere Mitglieder der S-Gruppe verkaufte.

Man suchte sich die potentiellen Käufer bei der Privatisierung der Banken nach verschiedenen Kriterien aus. Es ging natürlich um finanzielle Potenz, und die konnte man ja bei Samson nicht bezweifeln. Bei der S-Gruppe waren viele eher skeptisch, und nicht zuletzt deswegen brachten ihre Verantwortlichen eine ausländische Bank als Miteigentümer ins Spiel. Inzwischen hat sich herausgestellt, dass die Gruppe, die knapp 46 Prozent der Bunadarbank-Aktien für 11,8 Milliarden Kronen übernahm, einen guten Teil des Kaufpreises geliehen bekam – und zwar unter anderem von der Landsbanki, während sie noch unter öffentlicher Aufsicht war.

Die Privatisierung war damit Anfang 2003 abgeschlossen. Zurück blieb bei Teilen der Bevölkerung das Gefühl, die Regierungsparteien hätten die Banken unter sich aufgeteilt. Schon seit der Souveränität 1918 gab es in Island immer eine ungesunde Verflechtung von Wirtschaft und Politik. Als die meisten Betriebe, darunter auch die Banken, noch in Staatsbesitz waren, war die politische Dominanz schlimmer, aber auch durchschaubarer. Nach dem Bankverkauf gab es diese Verflechtung weiterhin, aber bar jeder parlamentarischen Kontrolle.

* * *

Was in den nächsten Jahren passierte, wissen viele, auch im Ausland. Die isländische Wirtschaft wuchs unglaublich schnell, 2005 stieg zum Beispiel das BIP (Bruttoinlandsprodukt) um 6,1 Prozent, 2007 immer noch um knapp fünf Prozent (zum Vergleich Deutschland 2007: 2,5 Prozent). Isländische Firmen investierten überproportional viel im Ausland, besonders in Dänemark und England, und viele meinten, das Wachstum wäre der gelungenen Privatisierung der Banken zu verdanken. So die Unabhängigkeitspartei auf ihrer Tagung im Jahre 2007: »Die Privatisierung der Banken hat uns gezeigt, welche Kräfte freigesetzt werden, sobald Betriebe in Privatbesitz kommen. Ihre Entwicklungsarbeit hat ihnen gute Resultate im In- und Ausland gesichert.« Man rief also nach mehr Privatisierung im öffentlichen Sektor.

Der Wert der Banken stieg unglaublich schnell: Im Sommer 2005 war die Landsbanki an der isländischen Börse einhundertsiebzig Milliarden Kronen wert. Und so ging es weiter, noch im März 2008 lag der Börsenkurs von Kaupthing (aus der Zusammenlegung von Bunadarbankinn und Kaupthing gleich nach der Privatisierung entstanden) bei fünfhundertdreiundfünfzig Milliarden Kronen. Im Jahr davor war Kaupthing die erste isländische Firma gewesen, die auf der Forbes-Liste der achthundert größten Firmen der Welt stand. Die ursprünglichen Investitionen der Käufer hatten sich innerhalb von drei Jahren verzehnfacht. Inzwischen betrieben die isländischen Banken auch Niederlassungen in anderen

Ländern. Kaupthing kaufte 2005 die traditionsreiche englische Bank Singer & Friedlander, und Landsbanki machte die Heritage Bank zu ihrer Filiale in Großbritannien. Man eröffnete Online-Konten im Ausland und versprach hohe Zinsen, Landsbanki mit Icesave in England und Holland, Kaupthing mit Kaupthing Edge in England und Deutschland.

Isländer kauften die dänische Fluggesellschaft Sterling Airways, die isländische FL-Group hielt eine Zeitlang 4,25 Prozent der deutschen Commerzbank, Björgolfur Thor Björgolfssons Pharmafirma Actavis hatte 2008 elftausend Angestellte in über vierzig Ländern. Was Investitionen im Ausland anging, war die Baugur-Group die Nummer eins – bis sie im März 2009 für bankrott erklärt wurde. Ein Jahr zuvor hatte sie noch Anteile an dreitausendsiebenhundert Geschäften weltweit gehalten, vom *Magasin du Nord* in Kopenhagen bis zu Hanley's in London, man zählte siebzigtausend Angestellte. Jon Asgeir Johannesson, der Haupteigentümer von Baugur, war schließlich auch stärkster Aktionär der dritten großen Bank Glitnir (früher Islandsbanki) geworden. Diese Bank war noch vor den anderen in Privatbesitz gekommen.

Will man David Oddsson im übertragenen Sinne als Doktor Frankenstein des Kapitalismus sehen, so hatte er sich mit Baugur ein Monster geschaffen, das er nicht bändigen konnte. Johannessons Familie, die ursprünglich mit populären Billigwarengeschäften in Island ihr Geld machte, war an politischer Rücksichtname nicht im Geringsten interessiert. Als die Baugur-Group 2003 mit einer Zeitung und einem Fernsehkanal ins Mediengeschäft einstieg, wollte David Oddsson ihrem wachsenden Einfluss und der Gefahr der Monopolbildung mit einem Mediengesetz Einhalt gebieten. Aber als dieses enorm umstrittene Gesetz im Sommer

2004 vom Parlament verabschiedet wurde, verweigerte der isländische Präsident – zum ersten Mal in der Geschichte der Republik – die Unterschrift. Schlussendlich führte die Episode zum Rücktritt Oddsons als Premierminister im September 2004. Der Markt wies die Politik in ihre Schranken.

Wie konnten die Isländer sich diese riesigen Investitionen im Ausland überhaupt leisten?, wurde überall gefragt. Die Erklärung liegt auf der Hand: Hier trafen neue, aggressive Banken-Eigentümer auf billiges Geld, mit dem die westliche Welt in den ersten Jahren des neuen Jahrhunderts, von Amerika ausgehend, regelrecht überschwemmt wurde. Die Besitzer der Banken waren in jede Menge anderer Betriebe involviert und an ihnen beteiligt, Eigentumsverhältnisse verliefen kreuz und quer, und das Gleiche galt für die Kredite. Es war ein Wachstum auf Pump. Die Expansion der Banken war darauf angelegt, ins Unendliche zu gehen – man nahm immer neue Kredite auf, kaufte immer neue Firmen und verkaufte sie wieder. So stieg der Wert der Banken in den Bilanzen bei jedem Schritt. Die dänische Fluggesellschaft Sterling etwa wurde 2005 von einer isländischen Gesellschaft gekauft und bereits ein Jahr später an die isländische FL-Group verkauft, und wieder ein knappes Jahr später an eine weitere isländische Holding Company verhökert. Jedes Mal stieg der Preis, obwohl die Airline die ganze Zeit nur Verluste einflog. Bei ihrem Konkurs im Herbst 2008 war die Gesellschaft aufgrund der aufgelaufenen Verluste fast nichts mehr wert. So lief der Investitionszirkus. Als es 2007 für die isländischen Banken schwieriger wurde, sich von anderen Banken Geld zu leihen, besorgte man es sich mit Hochzinsversprechen von Kleinanlegern über die Internetbanken Icesave und Kaupthing Edge – mit unabsehbaren Folgen für die isländische Volkswirtschaft, wie sich heute zeigt.

Aber in den ersten Jahren nach der Privatisierung der Banken schien dies die beste aller Welten, auf jeden Fall in den Augen der isländischen Geschäftsleute. Sie waren nicht nur unglaublich reich, sondern auch unglaublich neureich, und sparten nicht an Symbolen ihres Reichtums. Auf dem kleinen Flughafen im Zentrum von Reykjavík (Islands internationaler Flughafen liegt außerhalb der Stadt in Keflavík) standen bis zu zehn Privatjets auf einmal, auf den Straßen der Stadt wimmelte es von teuren Luxusjeeps. Jon Asgeir Johannesson leistete sich sowohl einen Privatjet als auch eine große Yacht, der Fußballfan Björgolfur Gudmundsson kaufte sich die englische Premiere-League-Mannschaft West Ham. Den Brüdern August und Lydur Gudmundsson genügte nichts weniger als Mariu, die Luxusyacht des Giorgio Armani, mit sechs Schlafzimmern. Dafür liehen sie sich dreihundert Millionen Kronen, ein Siebtel des geschätzten Kaufpreises, bei Kaupthing, wo sie Großaktionäre waren; aber dieses Darlehen verschwand geradezu in den einhundertneunundsechzig Milliarden Kronen, die sie im Sommer 2008 laut *Morgunbladid* der Bank schuldig waren. Auch Reykjavík expandierte im Eiltempo, man errichtete neue Stadtviertel, stampfte Einkaufszentren aus dem Boden, stellte Hochhäuser mit Luxuswohnungen an den Strand. Überall die Zeichen des Reichtums: Villen-ähnliche Sommerhäuser wurden flächendeckend an den schönsten Stellen Islands gebaut, man kaufte den Bauern dafür alle Grundstücke ab, die überhaupt zum Verkauf standen, lud seine Geschäftspartner zum luxuriösen Lachsfischen ein – und flog mit seinem Hubschrauber nach Flatey.

Wieder machte man die westliche Entwicklung im zehnfachen Tempo durch. Das einst ärmlichste Land Europas schwamm in Geld.

Gott segne Island

*Freund, sagte der Zweite vornehme Herr und
umarmte den Dichter. Die Bank ist geschlossen.
Die Engländer haben die Bank geschlossen. Na,
so etwas, sagte der Dichter. Und wie kommt es,
dass die Engländer die Bank geschlossen haben,
sagte der Zweite vornehme Herr. Das kommt daher,
daß kein Geld mehr in der Bank ist. Juel hat die
Bank ausgeplündert. Juel hat das ganze Geld verjubelt,
das die Engländer in ihrer Herzensgüte dieser unglücklichen Nation geliehen haben. Juel
hat das ganze Geld der Engländer auf dem offenen
Meer versenkt. Deshalb wurde die Bank
geschlossen.*

Halldór Laxness: *Weltlicht*, 1940

Die internationale Finanzkrise begann im Frühjahr 2007 infolge der Immobilienkrise in den Vereinigten Staaten. Schon ein Jahr zuvor begannen die Immobilienpreise nach einer langen Periode der steten Steigerung zu fallen. Kreditnehmer kamen in wachsende Schwierigkeiten und konnten mit den zunehmenden Zinsen nicht mithalten – manche behaupten, diese seien lange zu niedrig gewesen; die Blase der so genannten Subprime-Kredite platzte, was wohl inzwischen eher als Auslöser und nicht als Ursache der Krise gesehen wird. Die riesige Verschuldung in der westlichen Welt, mit immer neuen Arten von Kreditpapieren und Kreditfirmen, begann sich zu rächen, bis große Kreditausfälle im Jahr 2007 den Anfang der globalen Bankenkrise markierten. Plötzlich wimmelte es nicht mehr von Niedrig-Zins-Angeboten, und auch für Banken wurde es schwieriger, sich zu finanzieren. Das bekamen auch die drei isländischen Banken zu spüren, die an den Investitionsabenteuern im Ausland begierig teilgenommen hatten.

Mittlerweile war der isländische Finanzsektor von einer solchen volkswirtschaftlichen Größe, dass er es sich leisten konnte, selbst über die Fischerei herablassend zu sprechen. Angeblich brachte die Verwaltung von Geld den Isländern mehr Reichtum ein als die meisten herkömmlichen Wirtschaftszweige. Schon im Jahr 2004 stand der Finanzsektor für neun Prozent des Bruttoinlandprodukts, und er wuchs stetig: 2007 zahlten Kredit- und Versicherungsfirmen dreiundvierzig Prozent der Einkommensteuer aller isländischen Betriebe.

Die isländischen Banken lebten von der Expansion, und deswegen suchten sie schon vor der Krise nach Wegen, ihre Beteiligungen auszubauen und sich in anderen Ländern breit zu machen. Im Oktober 2006 präsentierte Landsbanki in Großbritannien die so genannten Icesave-Konten, die in der englischen Öffentlichkeit schon bald als Traumangebot für Sparer und Kleinanleger galten. Man versprach den Anlegern hohe Zinsen auf Internetkonten, wodurch die Verwaltungskosten niedrig gehalten wurden, und so konnten alle am isländischen Finanzabenteuer teilhaben. Icesave versprach ein Riesenerfolg zu werden: Im Mai 2007 hatten achtzigtausend Kunden drei Milliarden Pfund auf diesen Konten liegen. Als es schwieriger wurde, von anderen Banken Kredite zu bekommen, schritt man einfach weiter auf dem neuen Weg des Online-Banking. So führte Landsbanki im Mai 2008 die Icesave-Konten auch in den Niederlanden ein. Da war die Anzahl der Konten in Großbritannien bereits auf zweihundertzwanzigtausend gestiegen. Bankdirektor Sigurjon Arnason freute sich öffentlich über diese ungemein einfache Weise, Geld in die Kassen zu bekommen: In neun Monaten habe man in England so viele Ersparnisse auf die Icesave-Konten gebracht wie in den letzten einhundertzwanzig Jahren auf Island. Auch die Holländer hießen Landsbankinn willkommen; beim Sturz der Banken lagen schließlich eintausendsechshundert Millionen Euro auf den dortigen Icesave-Konten. Noch kurz vor dem Zusammenbruch plante man die Einführung von Icesave in elf weiteren Ländern.

Kaupthing wollte Landsbankinn nicht nachstehen und folgte

mit den so genannten Kaupthing-Edge-Konten in mehreren Ländern, unter anderem Deutschland, wo man das Ganze stolz als »ertragsstarkes Online-Banking« präsentierte: Dreißigtausend Sparer hatten Geld auf diesen Konten liegen, als die Bank fiel. Sowohl die Icesave- wie auch die Edge-Konten liefen direkt über die isländischen Banken, waren also nicht eigentliche Filialen in den Ländern, wo sie angeboten wurden. Das bedeutete nach europäischen Regeln und Wirtschaftsverträgen, dass der isländische Einlagensicherungsfonds die Anlage jedes Kunden bis zu einer Höhe von 20 887 Euro sichern sollte – ein Grund mit dafür, dass die Isländer nun von unheimlichen Schulden heimgesucht werden.

Der Autor dieser Seiten ist bei weitem kein Sachverständiger auf diesem Gebiet. Aber auch wenn man als Laie die Entwicklung des isländischen Finanzwesens betrachtet, hat sie etwas auf tragische Weise Folgerichtiges. Man sieht den unglaublich schnellen Aufbau – nicht zu vergessen, dass mehrere tausend junge, gut ausgebildete Isländer in diesem Sektor Arbeit fanden. Man sieht die Raffgier und die Hybris. Man sieht, wie die Herren der Banken monatelang die Köpfe in den Sand steckten, bis das Ende unausweichlich geworden war. Und das scheint auch bei den öffentlichen Kontrollinstanzen, der Zentralbank und der staatlichen Finanzaufsicht und bei den verantwortlichen Politikern das Problem gewesen zu sein: Man wusste von der Gefahr, man ahnte das Ende, aber man unternahm nichts!

Anfang 2008 tagten Repräsentanten der isländischen Zentralbank mit ausländischen Banken und Rating-Firmen in London. Das Treffen war ein Schock für die Isländer. Die ausländische Fachwelt meinte, die isländischen Banken – im

Besonderen Glitnir und Kaupthing – hätten das Finanzsystem des Landes in einen Engpass manövriert. Das Wachstum der isländischen Banken sei nachgerade gefährlich, denn der Zugang zu Krediten auf den internationalen Finanzmärkten sei inzwischen schwieriger geworden, und die Banken würden bald gegen eine Wand rennen. In der Zentralbank formulierte man daraufhin ein Memorandum, das man dem Premierminister und der Außenministerin – den zwei Parteiführern der Koalition also – vorlegte. Kurz darauf fand ein Treffen der wichtigsten Minister und der führenden isländischen Bankleute statt. Die Banken versuchten die Regierung davon zu überzeugen, dass bei ihnen alles in Ordnung wäre und die Gefahr eher von außen käme. Auch scheinen sie den Politikern eingeredet zu haben, das Ganze wäre nur eine Art Image-Problem, man wüsste im Ausland nicht, wie stark die Finanzgrundlage der Banken sei. In den nächsten Monaten war immer wieder von »Angriffen aus dem Ausland« auf die isländischen Banken die Rede.

Im März reisten die Politiker ins Ausland – die Außenministerin (Ingibjörg Solrun Gisladottir) nach Kopenhagen und der Premierminister (Geir Haarde) in Begleitung isländischer Bankleute und Firmenchefs nach New York. Beide erklärten auf Pressekonferenzen und in zahlreichen Interviews die Banken für gesund und solide. »Alles deutet darauf hin, dass die isländischen Banken in guter Verfassung sind, und ich bin überzeugt, dass sie das jetzige Unwetter auf den internationalen Finanzmärkten überstehen werden«, sagte Geir Haarde in einer Rede in New York am 13. März 2008.

David Oddsson, bis Februar 2009 Zentralbankchef, legt im Nachhinein viel Wert darauf, dass er die Regierenden monatelang gewarnt hätte. Aber öffentlich sprach er den Banken

34

sein Vertrauen aus, so zum Beispiel in einem Interview im britischen Channel 4 am 3. März 2008. Nun ist klar, dass ein Zentralbankchef öffentlich nicht immer alles sagen wird, was er weiß. Aber auch in einem ausführlichen Bericht zur Situation des Finanzwesens im Mai 2008 attestierte die Zentralbank den isländischen Privatbanken eine ausreichende Eigenfinanzierung und Stärke. Und weder die Zentralbank noch die Finanzaufsicht setzten den Banken Grenzen, was zum Beispiel die Icesave- und Edge-Konten anging.

Es kam, wie es kommen musste. Als die Krise nicht mehr schönzureden war, artete das Ganze in eine Art Schlammschlacht, ja fast Schmierenkomödie aus. Die gegenseitigen Schuldzuweisungen nach dem Fall der Banken erreichten ihren Höhepunkt, als David Oddsson behauptete, er hätte im Juni 2008 seinen Parteifreund Geir Haarde angerufen, um ihm mitzuteilen, das isländische Bankensystem stünde kurz vor dem Zusammenbruch. An dieses Telefonat mochte Geir sich im Nachhinein nicht mehr erinnern. Oddsson behauptet, er hätte zu diesem Gespräch eine Aktennotiz verfasst, die er jedoch zu seinen persönlichen Unterlagen gelegt hätte und nicht zu den Akten der Bank. Einen offiziellen Bericht von der Zentralbank zu dieser Angelegenheit gibt es nicht. Dabei hätte ja so ein Anruf die Regierung sofort dazu bringen müssen, das Ruder herumzuwerfen.

Es waren ausländische Behörden, in diesem Fall die britischen, die sich bereits im September 2008 wachsende Sorgen wegen der Icesave-Konten machten. Daraufhin kam es zu einem Treffen des britischen Finanzministers Alistair Darling mit seinem isländischen Kollegen, bei dem man unter anderem über die Möglichkeiten und Voraussetzungen dafür sprach, die

Icesave-Konten in einer englischen Filiale zu führen, was wiederum den britischen Einlagesicherungsfonds für deren Sicherung verantwortlich gemacht hätte. Aber nichts geschah. Man hatte Zeit. Währenddessen ging es im amerikanischen Finanzwesen immer schneller bergab, und am 15. September ging die Lehman Brothers Holding bankrott. Nun war Eile geboten. Die isländischen Banken beharrten jedoch darauf, von dieser Entwicklung nicht betroffen zu sein. Eine erstaunliche Feststellung, wenn man bedenkt, dass zum Beispiel Glitnir in Geschäfte mit Lehman Brothers verwickelt war.

Danach ging alles ganz schnell. Kurz vor Monatsende erkundigte sich der Aufsichtsratsvorsitzende der Glitnir Bank, Thorsteinn Mar Baldvinsson, bei der Zentralbank, ob man willens sei, Glitnir ein Darlehen zu gewähren, da man mit dem nächsten großen Zahlungstermin am 15. Oktober nicht zurechtkomme. Am darauffolgenden Wochenende (dem 27./28. September) fanden hektische Gespräche zwischen dem Premierministerium und der Zentralbank statt, die dazu führten, dass man sich für eine staatliche Übernahme von fünfundsiebzig Prozent der Aktien entschloss – vierundachtzig Milliarden Steuergelder (damals ca. sechshundert Millionen Euro) sollten der Bank zufließen. Für die meisten Isländer kam die Übernahme überraschend – nur wenige ahnten, dass Glitnir in so großen Schwierigkeiten steckte. Der Haupteigentümer von Glitnir, mit einem Anteil von zweiunddreißig Prozent, war Jon Asgeir Johannesson von der Baugur-Group, und zwar über seine Firma Stodir, früher FL-Group. Er und der Aufsichtsratsvorsitzende verurteilten die staatliche Übernahme mit harschen Worten, nannten sie unter anderem »den größten Bankraub in der Geschichte Islands«. Die renommierte Rating-Agentur Standard & Poor's bewertete die Zahlungsfähigkeit des isländischen Staates daraufhin sofort negativer; eine Welle von Misstrauen schlug den isländischen Banken entgegen, zugesagte Kreditlinien wurden widerrufen.

In den Tagen danach, als man noch glaubte, eine oder zwei der isländischen Banken wären auf jeden Fall überlebensfähig, wurde die Übernahme von Glitnir heftig diskutiert, doch inzwischen ist das alles reine Spekulation. Binnen kurzem erwies sich die Übernahme nämlich als unhaltbar, da das Volumen der Banken dem isländischen Staat weit über den Kopf gewachsen war – das wirtschaftliche Volumen der drei Banken zusammen genommen war zehnmal größer als das des Staates. Von einer Übernahme ihrer gesamten Verpflichtungen konnte gar nicht die Rede sein. Man hätte vielleicht einer Bank staatlicherseits unter die Arme greifen können, aber niemals allen. Und jetzt waren sie alle in höchster Gefahr.

Bald war das allen Beteiligten klar. Das ganze Wochenende hielten sich die führenden Minister im so genannten Ministerhaus auf, mit der versammelten isländischen und zum Teil schon ausländischen Presse vor der Tür. Noch am Sonntagabend tat der Premierminister so, als ob keine Eile geboten wäre. Dann wurde plötzlich, am Montag, dem 6. Oktober, eine Fernsehansprache des Premierministers für den Nachmittag angekündigt. Ungläubig verfolgte die Bevölkerung eine Rede, die viel über den Ernst der Lage und die lauernden Gefahren enthielt – aber wenig konkrete Informationen zu der Haltung oder den eventuellen Maßnahmen der Regierung oder dem Schicksal der Banken. Geir Haarde schloss mit den Worten: »Gott segne Island«, und spätestens da wussten alle, dass der Traum von der isländischen Finanzmacht in einer globalisierten Welt ausgeträumt war.

Am selben Abend verabschiedete das Parlament Notstandsgesetze, die es der Regierung ermöglichten, in die Finanzmärkte einzugreifen. Tags darauf übernahm die staatliche Finanzaufsicht die Banken Glitnir und Landsbanki und am Tag danach die Kaupthing Bank. Aber es ging dabei nicht um eine staatliche Übernahme und den weiteren Betrieb der Banken, wie ursprünglich mit Glitnir geplant. Dazu war der isländische Staat viel zu schwach. Sondern man gründete neue Banken, um die isländischen Einlagen und ein funktionierendes Finanzwesen mit Kreditkarten, und allem was dazu gehört, zu sichern. Der ausländische Teil und damit der Großteil der Banken ging in Insolvenz. Nicht nur die isländischen Eigentümer, sondern auch die ausländischen Kreditgeber der Banken, darunter viele deutsche Finanzinstitute, verloren eine Unmenge Geld. Der Staat konnte weder, noch wollte er die Gesamtverpflichtungen der Banken übernehmen.

Aber was war mit den Icesave-Konten? Da galten ja die europäischen Regeln zur Einlagensicherung. Im Vergleich zu dem, was es da zu sichern galt, das heißt, sechshundert Milliarden Kronen insgesamt in England und Holland, war der isländische Einlagensicherungsfonds ein Witz: ungefähr achtzehn Milliarden hatte man dort liegen. Die britische Finanzaufsicht griff sofort ein und übernahm die Verwaltung der isländischen Banken in England, wobei man sich auf die Terroristengesetze vom Herbst 2001 berief, die gegen Staaten oder Organisationen gerichtet waren, die Großbritanniens Gesellschaftsordnung bedrohten. Die Engländer schlossen die Bank, weil die Isländer ihr Geld verjubelt hatten, wie es in Halldór Laxness' Roman »Weltlicht« vor siebzig Jahren geheißen hatte. Anfang April 2009 kam zwar ein britischer Parlamentausschuss zu dem Schluss, die Anwendung der Terroristengesetze sei nicht gerechtfertigt gewesen, aber da war es längst zu spät.

Die nächsten Tage brachten ein unglaubliches Chaos mit sich. Die isländische Regierung protestierte lautstark gegen die Anwendung der Terroristengesetze; David Oddsson erklärte im Fernsehen, die Isländer würden nie und nimmer für die Schulden von Betrügern aufkommen, und meinte damit die Bankchefs; einen Tag lang glaubte man, Kaupthing würde überleben, und die Bank bekam sogar ein Notdarlehen von der Zentralbank; am 7. Oktober 2008 erklärte die Zentralbank, dass die Russen mit einem Kredit von vier Milliarden Euro zur Stärkung der Devisenreserve den Isländern beistehen würden; dann erwies sich, dass der russische Finanzminister nicht einmal ein Ersuchen um ein solches Darlehen erhalten hatte; die westlichen Bündnisländer fragten sich, wo Island überhaupt hinwollte – auf Island wusste man das auch nicht. Man fragte sich, ob der Staat ausländischen Anlegern mehr als sein gesamtes Jahresbudget ausbezahlen musste, und suchte verzweifelt nach Kredit; Isländer, die ins Ausland reisten, standen drei Stunden Schlange in der Bank, um sich sage und schreibe einhundertzehn Euro eintauschen zu dürfen; der Wechselkurs der Krone sank noch schneller als der Wert der Banken: Es war ein heilloses Durcheinander, vor den Augen der ganzen Welt, die gebannt verfolgte, wie in Island als erstem westlichen Land das komplette Finanzsystem angesichts der internationalen Krise zusammenbrach – Premier- und Handelsminister hielten tägliche Pressekonferenzen ab und wussten doch weder ein noch aus.

Am Ende entschloss sich die isländische Regierung, beim Internationalen Währungsfonds um Hilfe zu ersuchen. Der IWF willigte am 19. November 2008 ein, den Isländern ein Darlehen von 2,1 Milliarden US-Dollar zu gewähren, unter der Voraussetzung, dass Island sich zusätzlich dieselbe Summe von anderen Ländern mit bilateralen Abkommen sichern könnte – was dann auch gelang, hauptsächlich bei den nordischen Ländern. Diese Länder stellten jedoch eine andere, für Island ungemein schwere Bedingung: der Staat müsse die Verpflichtung aus der gesetzlich vorgeschriebenen Sicherung der Icesave- und Kaupthing-Edge-Konten, zwanzigtausend Euro pro Konto, übernehmen. Doch was bedeutete das? Da sind die Isländer noch am Rätseln. Zu hoffen, dass der Verkauf des Eigentums der alten Banken einen Großteil dieser Summe einbringt, scheint unter den jetzigen Bedingungen ein unrealistisches Ziel. Vieles davon waren Verflechtungen, virtuelles Geld sozusagen, anderes ist sehr im Wert gefallen. Klar ist und war nur, dass der isländische Staat, vorher fast schuldenfrei, aus- und inländischen Anlegern plötzlich mehr als seinen gesamten Jahresetat schuldete. Das ehemals fünftreichste Land der Welt befand sich auf dem Status eines Entwicklungslandes. Island war wieder ein armes und isoliertes Land geworden. Die Neureichen schienen alle verschwunden. Die Bevölkerung war im Schock.

Musste das Finanzsystem zusammenbrechen?

Auf seinem Gesicht war etwas, wie es auf den Gesichtern der Kinder ist, die sich hartnäckig weigern, ihren Glauben an den Weihnachtsmann aufzugeben, obwohl die Argumente der Spielkameraden so überzeugend klingen.

Heinrich Böll: Es wird etwas geschehen –
eine handlungsstarke Geschichte

In den ersten sechs Wochen nach dem Sturz der Banken folgten die Isländer wie gebannt den Versuchen ihrer Regierung, im Ausland einen Kredit zu bekommen und gleichzeitig im Lande selbst ein minimal funktionierendes Bankenwesen aufrechtzuerhalten. Ausländische Währung war nirgendwo zu kriegen, der Import brach fast vollständig zusammen, die ehemals so breit aufgestellten Autoimporteure beispielsweise mussten einer nach dem anderen dichtmachen. Man merkte es im Großen wie im Kleinen, und es hat Auswirkungen bis heute: Seit dem Kollaps können Isländer kaum noch deutsche Magazine wie etwa den *Spiegel* in ihren Buchhandlungen erwerben, denn der Großhandel vergibt keine Kredite mehr an uns. Prunkvolle Möbelgeschäfte machten zu, die Handelskette Bauhaus, die sich am Rande von Reykjavík ein riesiges Haus gebaut hatte, verschob die Eröffnung einer Filiale auf unbestimmte Zeit; viele ausländische Waren verschwanden aus den Regalen.

Ausländische Anleger, die isländischen Banken ihr Geld anvertraut hatten, verloren eine Unmenge davon – nicht anders jedoch erging es vielen Isländern, die ihre Ersparnisse nicht auf einfachen Sparkonten deponiert hatten, sondern etwas abenteuerlustiger gewesen waren. Auch sie mussten Verluste einstecken. Das galt sowohl für jene Rentner, die ihr Geld in Aktien oder verschiedene Fonds gesteckt hatten, wie auch für junge Familien, die sich von ihrer Bank zur Teilnahme am isländischen Finanzabenteuer hatten überreden lassen. Natürlich traf es auch die Eigentümer der Banken selbst. Eine nach der anderen gingen diese Holding Companies, deren Namen die Isländer sich gerade erst zu merken begannen, bankrott. Und viele dieser Firmen hatten ja noch andere Interessen: besaßen auf Island Versicherungen oder Zeitungen, Supermärkte oder Immobilien. Inzwischen sind fast alle Unternehmen, die Björgolfur Gudmundsson auf Island kontrollierte, in Insolvenz – selbst die englische Fußballmannschaft West Ham hat er verloren. Baugur-Group, die größte Handelsfirma, die Island je gesehen hatte, ging Anfang März 2009 bankrott.

Am schlimmsten traf es zunächst die Baubranche. Seit Jahren glichen große Teile von Reykjavík einer permanenten Baustelle, überall wurden neue Häuser errichtet, Straßen gebaut, Stadtviertel geplant. Mit einem Mal kam das alles zum Halt. Einen Monat nach dem Sturz der Banken verloren fast dreihundert Isländer täglich ihren Job, und das in einem Land, das zwanzig Jahre lang kaum Arbeitslosigkeit gekannt hatte; im Gegenteil importierte man seit Jahren Arbeitskräfte, hauptsächlich aus Polen und Litauen. Vor dem Kollaps lag die Arbeitslosigkeit bei zwei Prozent, im März 2009 hatte sie bereits zehn Prozent erreicht. Die Inflation stieg rapide auf achtzehn Prozent, die Leitzinsen der Zentralbank waren höher als in irgendeinem anderen westeuropäischen Land. Die Krone fiel entsprechend: Konnte man im Herbst 2007 noch einen Euro für neunzig Kronen kaufen, kostete er ein Jahr später mehr als das Doppelte. Das traf besonders die Familien, die zum Kauf ihres schönen Autos oder neuen Hauses einen Kredit in ausländischer Währung aufgenommen hatten, wie von den isländischen Banken vielfach angeboten. Die Immobilienpreise verfielen. Die Hypothek war plötzlich viel höher als der Wert des Hauses. Nach Informationen der Zentralbank vom 11. März 2009 überstiegen zu diesem Zeitpunkt bereits die Schulden von dreißigtausend Familien den Wert ihres Heims.

In den ersten Wochen nach dem 6. Oktober 2008 trauten viele Isländer ihren Augen nicht. Konnten sie vor kurzem noch in Kopenhagen und London herumspazieren und stolz auf »ihre« Geschäfte und Hotels zeigen, nahmen nun viele dänische Geschäfte keine isländischen Kreditkarten mehr an, in England schlug ihnen manchmal gar offene Feindseligkeit entgegen. Um Haaresbreite, so eine der unzähligen Geschichten aus diesen chaotischen Tagen, wäre eine Maschine von Icelandair auf Heathrow festgesetzt worden, weil die Engländer glaubten, in Island hätte man keine Devisen für das Kerosin, mit unabsehbaren Folgen für den isländischen Fremdenverkehr. Wie in aller Welt konnte das passieren? Wer waren die Verantwortlichen für diese Misere? Das waren die Fragen, die sich immer mehr Leute stellten, nachdem der allererste Schock sich gelegt hatte. Wollte man anfangs noch glauben, Island sei einfach von der internationalen Finanzkrise überrollt worden und die Isländer hätten sich an und für sich nichts vorzuwerfen, wurde der Bevölkerung mit jeder neuen Enthüllung klar, dass die Katastrophe hausgemacht war.

Inzwischen beschäftigt sich ein vom Parlament ins Leben gerufener Untersuchungsausschuss mit der Frage von Schuld und Verantwortung, doch klar ist natürlich: Alle hätten es besser wissen müssen. Die Direktoren der Banken. Die Politiker. Vielleicht sogar die Anleger. Ein so kleines Land wie Island kann sich kein Bankenwesen leisten, das das Zehnfache ihrer

Volkswirtschaft ausmacht. Inzwischen sind noch viel größere Länder mit ihrem Finanzwesen in Schwierigkeiten geraten. Inzwischen zittert die ganze Welt.

Auch die Medien versagten. Obwohl es schon seit 2007 einige kritische Berichte über die isländischen Banken in ausländischen Zeitungen gegeben hatte, trauten sich die isländischen Medien nicht, ordentlich nachzubohren. Die zwei großen Tageszeitungen befanden sich zudem im Besitz von Firmen, die zu den Imperien von Jon Asgeir Johannesson einerseits und Björgolfur Gudmundsson andererseits gehörten. Die Banken und ihre PR-Leute hatten immer außerordentlich genervt auf öffentliche Skepsis reagiert. Man beschuldigte die Kritiker, mit ihrem Gerede die Banken in Gefahr zu bringen; sie galten als Spielverderber, als kleinlich und altmodisch – als unfähig also, die neue, globalisierte Finanzwelt zu verstehen. Es war eine ungesunde Atmosphäre in diesem ersten Jahrzehnt des neuen Jahrhunderts – entweder man nahm teil und unterstützte die ausländischen Eroberungen der »neuen Wikinger«, wie sie sich nannten, oder man war dabei, den Zug der Zeit zu verpassen.

Die Politiker versagten auf ihre Weise und damit auch die demokratische Kontrolle; die wenigsten trauten sich, die fragwürdige Entwicklung zu kritisieren und Forderungen nach strengerer Aufsicht und einer besseren Gesetzgebung zu stellen. Viele machten einfach mit, lobten die großen Errungenschaften der isländischen Kapitalisten im Ausland und unterstützten ihren Expansionsdrang; so zum Beispiel der isländische Präsident Olafur Ragnar Grimsson, der noch dazu das Pech hatte, dass ein paar Wochen nach dem Sturz der Banken eine Hymne auf seine Aktivitäten in diesem Bereich in Buchform erschien – bezahlt von den drei Banken! Aber auch die Regierung glaubte, den Banken bei jeder kritischen ausländischen Anfrage ein Gesundheitsattest ausstellen zu müssen.

Dabei gab es viele Gefahrensignale, auf die man hätte achten müssen. Am Bedeutsamsten war vielleicht die Verflechtung, ja der Klüngel der Bankeigentümer und Geschäftsleute, die die isländische Wirtschaft kontrollierten. Zerpflückt man alle diese Holding-Firmen und Groups und wie sie sich auch immer nannten, bleiben ungefähr dreißig Personen übrig, die über das finanzielle Schicksal Islands entschieden. Und alle waren sie durch ein dichtes Geflecht miteinander verbunden. Jüngste Enthüllungen von *Morgunbladid* ergaben, dass zum Beispiel Kaupthing noch im Sommer 2008 seinen Haupteigentümern bzw. ihnen zugehörigen Firmen insgesamt fast fünfhundert Milliarden Kronen lieh – offensichtlich ohne größere Absicherung im Hintergrund.

Gylfi Magnusson, Ökonom und parteiloser Handelsminister der neuen Regierung, sieht viele Parallelen zwischen dem Enron-Skandal in den USA 2001 und der Handlungsweise der isländischen Banken. So haben diese, als alles schon bergab ging, künstliches Eigenkapital geschaffen: erstens indem sie Kredite anboten zum Kauf ihrer eigenen Aktien und diese gleichzeitig als Sicherung nahmen, und zweitens indem sie Firmen überteuert kauften und die Differenz als Goodwill zu Buche führten. So sei auf dem Papier Kapital ohne jeglichen reellen Wert entstanden. Möglich, so Gylfi Magnusson auf einer Pressekonferenz am 24. März 2009, dass man sich damit selber täuschte, aber man täuschte auch andere. Ein fast kriminelles Vorgehen, wie viele inzwischen meinen. Aber wie der Ökonom Mar Gudmundsson, zur Zeit im Management der internationalen BIS-Bank in Basel, dem Verfasser dieses Buches gegenüber betonte: Kriminelle Machenschaften bringen kaum das gesamte Finanzwesen eines Landes zu Fall. Da wiegt etwas anderes viel schwerer: Inkompetenz. Sowie die Habgier der Haupteigentümer und Direktoren der Banken, die sich immer weiter aus dem Fenster lehnten in ihrem Expansionsdrang. Die Unfähigkeit derselben, die Kreditfirmen durch die Sturmwellen der Krise zu steuern. Und gleichzeitig die immer heikleren und hektischen Rettungsmaßnahmen, zu denen man griff. All dies führte schließlich zum Zusammenbruch des gesamten Systems.

Moralisch fragwürdig war das Benehmen der Banken auf jeden Fall, weit über den erwähnten Zusammenhang von Krediten und Eigenkapitalbildung hinausgehend. Davon weiß beispielsweise Vilborg Oddsdottir vom Hilfswerk der evangelischen Kirche in Island zu berichten. Viele, die sich als Opfer der Banken sehen, suchen hier Hilfe. Menschen, die Invalidenrente oder Arbeitslosenunterstützung beziehen und denen am Monatsende nichts übrig bleibt. Vor fünf oder sechs Jahren, so Vilborg, sei es zunehmend auch bei ihnen üblich geworden, alles Finanzielle über ein Girokonto bei der Bank zu regeln. Dabei blieben sich die Einnahmen meist jahrelang gleich. Die Bank wusste also genau über das Einkommen dieser Kunden Bescheid. Trotzdem stattete man sie mit Kreditkarten und Ähnlichem aus, gab ihnen Darlehen, räumte ihnen sogar Kreditlinien ein, denen keine vernünftigen Grenzen gesetzt waren. Bald zahlten diese Leute den Großteil ihrer Einnahmen als Zinsen an die Bank. Die Rente ging direkt aufs Bankkonto, manchmal auch Kindergeld oder Ähnliches. Als dann die Banken vor ein, zwei Jahren rigider wurden, den Leuten die Kreditkarten abnahmen und ihnen die Kredite kündigten, begannen sie dieses Geld zurückzuhalten. Den entsprechenden Kunden zahlten sie so vielleicht zehntausend Kronen die Woche aus, während sie den Rest zur Zahlung von Zinsen und Tilgung einbehielten. Die alleinerziehende, behinderte Mutter auf Invalidenrente war zur Geisel der Bank geworden, sagt Vilborg. Jahrelang prangerte sie diesen Zustand in Vorträgen und auf Tagungen öffentlich an, ohne dass es irgendeinen Menschen interessiert hätte. Das gleiche Servicepersonal, das seinen Kunden früher alle möglichen Kredite anbot, hielt nun ihre wenigen Einnahmen zurück. Die Banken hatten eine gesellschaftliche Funktion übernommen, die ihnen nicht zustand. Und so ist es immer noch.

Womit wir bei einem wichtigen Punkt sind: der Stellung der Banken in der westlichen Welt in den zurückliegenden Jahrzehnten, in denen »der Markt zur heiligen Kuh, die Privatisierung zur Ideologie« wurde und man darüber vergaß, »dass Freiheit und Gleichheit zwei gleichberechtigte Forderungen sind«, um einen hellsichtigen Artikel von Ingo Schulze Anfang März in der *Süddeutschen Zeitung* zu zitieren. Auf Island jedenfalls wurde diese Entwicklung ad absurdum geführt. Der Sozialforscher Stefan Olafsson betrachtet Island gar als »neoliberalistisches Experiment der Welt« (*Morgunbladid,* 6. März 2009). In Zahlen hat er die Entwicklung so umrissen: ein Prozent der bestverdienenden isländischen Ehepaare verdiente 1993 4,2 Prozent des Gesamteinkommens der Bevölkerung. 2007 war ihr Anteil auf 19,8 Prozent gestiegen. Die bestverdienenden zehn Prozent erhielten 1993 zwanzig Prozent der Gesamteinnahmen, im Jahre 2007 über vierzig Prozent. Gleichzeitig war das Steuersystem so umgebaut worden, dass Kapitaleinnahmen viel niedriger als Lohneinkünfte besteuert wurden, was wiederum dazu führte, dass die Steuerlast von Bestverdienenden ungefähr um ein Drittel geringer ausfällt als die der isländischen Durchschnittsfamilie. Alles konsequente Schritte, um die Gleichheit zu mindern und die Reichen reicher zu machen, was wiederum in einer kleinen Gesellschaft wie der isländischen besonders problematisch ist und leichter sichtbar wird.

Alles in allem vertraute man dem Markt mehr und mehr gesellschaftliche Aufgaben an, und bis vor kurzem schien dies auch keine schlechte Strategie. Aber wie der Zusammenbruch des Bankenwesens zeigte, war es ein Pyrrhus-Sieg des Marktes über die Politik. Es war an der Zeit, umzudenken. Ende 2008 wollte sich die isländische Bevölkerung nicht mehr damit abfinden, dass keiner ihrer politischen Führer Verantwortung für das Desaster übernahm. Bald darauf begann die so genannte Kochtopfrevolution.

Die Kochtopfrevolution

Es heißt, wenige Nationen hätten Unterdrückung
und Gewalt mit größerer Höflichkeit ertragen
als die Isländer. Jahrhundertelang und bis zum
heutigen Tag haben sie in verständnisvoller Fried-
fertigkeit gegenüber der Unterdrückung gelebt,
ohne jemals den Versuch zu machen, sich dagegen
aufzulehnen. Keinem Volk ist der Gedanke an
eine Revolution so fremd.

Halldór Laxness: Die Niederlage der italienischen
Luftflotte 1933 in Reykjavík (1935)

Vor dem Parlamentsgebäude, einem schönen Steinbau, den noch immer die dänische Königskrone schmückt, liegt der Hauptplatz von Reykjavík, Austurvöllur genannt. Mitten auf dem Platz steht eine Statue des Vorkämpfers der isländischen Selbständigkeit, Jon Sigurdsson, der sich im 19. Jahrhundert mit dänischen Beamten stritt und den Isländern Mut und Selbstvertrauen einflößte. In diesem Werk des Bildhauers Einar Jonsson fasst sich Jon mit beiden Händen an die halboffene Jacke und blickt stolz auf das Parlamentsgebäude. Die Statue des Volkshelden wurde ursprünglich 1911, hundert Jahre nach seiner Geburt, vor dem Regierungsgebäude aufgestellt, aber zwanzig Jahre später schaffte man sie dann zum Austurvöllur. Von dort hat Jon Sigurdsson die meisten isländischen Demonstrationen und Proteste überblicken können. Dabei wären ihm zweimal die Tränen gekommen, wenn er denn hätte weinen können, denn zweimal hat die Polizei dort Tränengas angewendet. Zum ersten Mal am 30. März 1949, als Tausende von Isländern gegen den Beitritt des Landes zur NATO protestierten, darunter Kommunisten, aber auch Pazifisten und Patrioten, die Island als neutralen Staat sehen wollten, und darüber hinaus all jene, die die amerikanische Militärbasis loswerden wollten. Es kam zu heftigen Schlägereien mit der Polizei, die sich am Ende genötigt sah, Tränengas einzusetzen. Das erste Mal in der Geschichte Islands. Sechzig Jahre blieb alles ruhig, bis die isländische Obrigkeit in der

Nacht zwischen dem 21. und 22. Januar 2009 erneut zu dieser Waffe griff.

So friedfertig waren die Isländer zuvor gewesen, trotz Kaltem Krieg, einem etwas aufgeheizteren Fischereikrieg, Studentenunruhen und dem dauernden Streit über die US-Basis (bis 2006 die amerikanischen Streitkräfte von sich aus einfach das Land verließen). Richtige Krawalle waren rar. Umso bemerkenswerter sind die vielen Proteste seit dem Kollaps der Banken. Schon am Samstag, dem 11. Oktober 2008, fand eine erste Kundgebung auf Austurvöllur statt. Noch wusste man zwar nicht richtig, gegen was man eigentlich protestierte – die Parole des Aufrufs hieß schlicht: »Vereinigte Front gegen die Zustände«. Initiator der Proteste war Hördur Torfason, Sänger und Poet und vor vielen Jahren tapferer Wegbereiter der Rechte der Homosexuellen auf Island. Er nannte seine lose Organisation »Die Stimmen des Volkes«, und bis zum 14. März 2009 hielt sie neunundzwanzig Kundgebungen auf Austurvöllur ab.

Die Stimmung in der Bevölkerung war von Schock und Angst geprägt, aber allmählich strömten immer mehr Leute zu den Demonstrationen am Samstagnachmittag, die Reden wurden lauter, die Forderungen deutlicher. Im November verlangte man den Rücktritt der Direktoren der Zentralbank und der Finanzaufsicht, da sie versagt hätten, und außerdem möglichst schnelle Neuwahlen. Seit 2007 war eine große Koalition aus der rechten Unabhängigkeitspartei und den Sozialdemokraten an der Macht, und nach den ersten Rettungsversuchen im Oktober und November 2008 wollten viele Isländer größere Änderungen sehen. Nicht zuletzt hoffte man darauf, dass irgendjemand auf öffentlicher Seite die Verantwortung für die

Misere übernahm. Schließlich breiteten sich die Proteste bis nach Akureyri im Norden des Landes aus, und einzelne, meist junge Anarchisten traten auch vermummt auf – eine wirkliche Seltenheit auf Island; am 22. November gab es Krawalle vor dem Polizeigebäude in Reykjavík, als um die dreihundert junge Leute gegen die Verhaftung eines ihrer Kameraden protestierten.

Ende November war noch keiner der Verantwortlichen zurückgetreten, und die Unzufriedenheit in der Bevölkerung wuchs. Jetzt wurde auch die Forderung nach dem Rücktritt der gesamten Regierung laut. Neue Bürgerbewegungen entstanden, man hielt Versammlungen in Theatern und Kinosälen ab, wobei man auch den Politikern der Regierungsparteien die Chance gab, sich zur Wehr zu setzen. Die Diskussionen waren hitzig. Die Sozialdemokraten wurden heftig dafür kritisiert, nicht früher auf die Gefahrensignale reagiert zu haben, David Oddsson als Zentralbankchef zu dulden und weiterhin mit der Unabhängigkeitspartei – die ja an dem ganzen Privatisierungsprozess schuld sei – zu regieren. Auf einer solchen Versammlung in Reykjavíks größtem Kinosaal, am 24. November, rief die sozialdemokratische Außenministerin Ingibjörg Solrun Gisladottir dem Publikum den inzwischen berühmt-berüchtigten Satz zu: »Ihr seid nicht das Volk!« Was an und für sich richtig war, aber als unglaubliche politische Arroganz empfunden wurde. Im Dezember konnte man auf den Samstagskundgebungen vermehrt Schilder mit dem Slogan »Inkompetente Regierung« lesen, jetzt wollte man nicht nur die Führung der Zentralbank und die der Finanzaufsicht loswerden, sondern die ganze große Koalition.

Kennzeichnend für die so genannten Samstagsdemonstrationen war ihre Breite: Es waren bei weitem nicht nur Linke und Radikale, die sich hier versammelten, sondern auch ganz gewöhnliche Familien, Rentner, Menschen, die ihren Job oder ihre Ersparnisse verloren hatten. Der bürgerliche Wirtschaftswissenschaftler Olafur Isleifsson war laut eigenen Angaben siebzehn Mal bei den Protesten dabei. Um die Weihnachtszeit beruhigte sich die Lage etwas; aus Regierungskreisen hieß es, man würde die Führung der Zentralbank und eventuell sogar den Handels- und den Finanzminister auswechseln und ernsthaft Beitrittsverhandlungen mit der EU erwägen. Auf das Letzte legten besonders die Experten und Ökonomen Wert, da sie meinten, der Kollaps der Banken wäre auch teilweise der viel zu schwachen isländischen Währung zuzuschreiben. Meinungsumfragen ergaben, dass ungefähr die Hälfte der Bevölkerung einem Beitritt Islands zur EU zustimmte.

Anfang des neuen Jahres kam es jedoch nicht zu der erwarteten Regierungsumbildung. Die Sozialdemokraten schienen gewillt, mit all diesen Maßnahmen bis nach dem Parteitag der Unabhängigkeitspartei, der für Ende Januar angesagt war, zu warten. Premierminister Geir Haarde gab zu verstehen, dass er danach den früheren Parteiführer David Oddsson sanft aus dem Amt des Zentralbankchefs entfernen und die traditionell EU-kritischen Unabhängigen auf dem Parteitag dazu bewegen könnte, ernsthaft Beitrittsverhandlungen zu erwägen.

Hier hatte man jedoch die Rechnung ohne das Volk gemacht. Die Bevölkerung verspürte keinerlei Lust, einen Parteitag abzuwarten oder sich auf taktische Spiele einzulassen, sei es der Unabhängigen oder der Sozialdemokraten. Man verlangte Rücktritte und Neuwahlen. Wie war es möglich, dass das gesamte Finanzsystem eines Landes zusammenbrach, ohne dass auch nur ein einziger Minister dafür die Verantwortung übernahm? Das war die allgemeine Stimmung im Land. Als dann das isländische Parlament nach der Weihnachtspause am Dienstag, dem 20. Januar, wieder zusammentrat, scheinbar ohne jegliche Rücksicht auf die Situation – auf dem Programm stand nicht die ökonomische Lage, sondern ein Gesetzentwurf zum Verkauf von alkoholischen Getränken in Lebensmittelläden –, platzte vielen der Kragen. Schon am frühen Nachmittag versammelte sich eine große Menschenmenge vor dem Parlament und blieb dort bis weit in die Nacht hinein. Es war der Anfang der so genannten Kochtopfrevolution: Die Leute brachten Töpfe und Pfannen von zu Hause mit und klopften darauf mit Löffeln und Gabeln, stundenlang.

In der Nacht wurden die Demonstranten gewaltsamer: Der große Weihnachtsbaum, den die Stadt Oslo jedes Jahr der Stadt Reykjavík schenkt, wurde zerhackt – auf Austurvöllur loderten Lagerfeuer, bis die Polizei endlich den Platz räumte. Am Tag danach gesellten sich die Menschen erneut zu Jon Sigurdsson vor das Parlamentsgebäude und brachten ihr Geschirr mit; die Parlamentssitzung wurde vertagt. Einige Dutzend Demonstranten, darunter der Autor Hallgrimur Helgason, liefen hinüber zum Sitz des Premierministeriums, umzingelten Geir Haarde in seinem Auto und klopften gegen die Scheiben, bis sie von Leibwächtern zurückgedrängt wurden.

Am Abend war ein Mitgliedertreffen im Reykjavík-Bezirk der Sozialdemokraten angesagt. Hunderte von Demonstranten versammelten sich vor dem Tagungsort mit Kochtöpfen und Sprechchören. Drinnen wurde die Regierungsbeteiligung der Partei scharf angegriffen. Keiner der anwesenden Parlamentarier traute sich, die Regierung zu verteidigen; die Parteiführerin Ingibjorg Solrun Gisladottir lag zu dieser Zeit in einem Stockholmer Krankenhaus, um sich einen Gehirntumor entfernen zu lassen. Die Versammlung votierte einstimmig für den Austritt der Sozialdemokraten aus der Regierung. In der Nacht kam es auf Austurvöllur zum ersten Mal zu richtigen Krawallen; jugendliche Anarchisten, aber auch ganz gewöhnliche Betrunkene und Rowdies lieferten sich Schlägereien mit der Polizei, die schließlich zu Tränengas griff. Es gab mehrere Verletzte.

Der friedliche Teil der Demonstranten versuchte dieser Entwicklung entgegenzuwirken. Tags darauf stellten sich viele in orangefarbenen Mänteln vor die Polizeikette, um zu zeigen, dass es ihnen nicht darum ging, sich mit der Polizei zu schlagen, sondern gegen die Regierung zu protestieren. Am Samstag hatten sich fast Zehntausend zur wöchentlichen Demonstration versammelt – für Islands Verhältnisse ein Dammbruch. Spätestens jetzt war Ingibjörg Solrun Gisladottir, gerade vom Krankenbett in Stockholm zurück, klar, dass ihre Partei so nicht weitermachen konnte. Am Sonntagmorgen trat der sozialdemokratische Handelsminister zurück, nicht ohne vorher den Aufsichtsrat und den Direktor der Finanzaufsicht, für die er zuständig war, zu entlassen. Gisladottir stellte Haarde ein Ultimatum: Rücktritt der Zentralbankdirektoren, Neuwahlen, zudem sollte er den Premierministerposten an die Sozialdemokraten abtreten – wofür sie die Sozialministerin Johanna Sigurdardottir vorschlug, wahrscheinlich die einzige Politikerin auf Regierungsseite, die noch immer großes Vertrauen in der Bevölkerung genoss. Seit Jahrzehnten galt Johanna Sigurdardottir in breiten Kreisen als ehrliche Vertreterin der kleinen Leute und der sozial Benachteiligten.

Geir Haarde, der am Freitag hatte melden müssen, auch ihm stehe eine Krebsbehandlung bevor, hatte nun keine Wahl mehr und trat am Montag, dem 26. Januar, zurück. Binnen weniger Tage bildeten die Sozialdemokraten eine Minderheitsregierung mit den Links-Grünen, die von der Progressiven Partei, den langjährigen Partnern der Unabhängigen, geduldet wurde. Neuwahlen wurden für den 25. April angesetzt. Gleichzeitig verlangte die neue Premierministerin den Rücktritt von Zentralbankchef Oddsson – als dieser sich weigerte, wurde er per Gesetz dazu gezwungen. Man setzte provisorisch einen norwegischen Finanzexperten, Svein Harald Öygard, als Zentralbankchef ein und versuchte mit verschiedenen anderen Maßnahmen das Vertrauen der Bevölkerung in die Regierenden erneut zu wecken. Zum Beispiel stellte man dem für die Untersuchung des Bankensturzes verantwortlichen Staatsanwalt die norwegische Juristin Eva Joly zur Seite, die in ihrer Wahlheimat Frankreich als unbestechliche Kämpferin gegen Korruption gilt.

Die Protestbewegung hatte viele ihrer Ziele erreicht: die große Koalition war geplatzt, der Vorstand der Zentralbank sowie des Finanzkontrollamts ausgewechselt, Neuwahlen angesetzt worden. Hördur Torfason setzte seine Samstagsdemonstrationen bis Mitte März fort, aber immer weniger nahmen teil, die Forderungen waren nicht mehr so laut, das Echo geringer. Viele aus den Bürger- und Protestbewegungen hatten die Hoffnung gehabt, das demokratische Bewusstsein der Isländer würde sich jetzt nachhaltig ändern, das gesamte Grundgesetz stünde zur Debatte, ein neues Verständnis von Politik würde sich ausbreiten. Das schien nun Makulatur. Denn jetzt stand ihnen ihre eigene Forderung nach sofortigen Neuwahlen im Weg: Es erwies sich als sehr schwierig, in der kurzen Zeit bis zum Wahltag neue politische Parteien zu bilden, die Aussicht auf einen Wahlerfolg hatten. Die Breite der Bewegung und dass sie keine eindeutigen Führer hatte, war ihre Stärke und Schwäche zugleich. Man hatte die Regierung mit Pfannen und Kochtöpfen zum Rücktritt gezwungen, aber die Viererpartei, wie manche das isländische Vier-Parteien-System nennen, blieb. Die Wahlen am 25. April endeten mit einem starken Linksruck und waren ein Desaster für die Unabhängigkeitspartei, aber nur eine neue Liste kam ins Parlament, und zwar die so genannte Bürgerbewegung, die es immerhin auf sieben Prozent der Stimmen brachte.

Was macht die Krise
mit den Menschen?

Der Gang zum Arbeitsamt

Audur Alfifa Ketilsdottir, Journalistin

»In Island kommt es einer Gotteslästerung gleich,
keine Arbeit zu haben.«

Die isländische Medienlandschaft hat sich, wie Islands Wirtschaft und die allgemeine politische Situation, in den letzten zwanzig Jahren stark verändert. Seit den dreißiger Jahren und bis zum Fall der Sowjetunion konnten sich die Isländer je nach politischer Heimat die Parteizeitung zum Frühstück aussuchen: *Morgunbladid*, das Morgenblatt, für die Konservativen. *Timinn*, die Zeit, für die Progressiven, *Althydubladid*, das Volksblatt, hieß die eher auflagenschwache Zeitung der Sozialdemokraten. Und die Kommunisten, die sich später Sozialisten nannten, publizierten *Thjodviljinn*, den Volkswillen. Anläufe zu unabhängigen Tageszeitungen gab es erst im letzten Drittel des 20. Jahrhunderts, und meistens bedeutete unabhängig bürgerlich und damit der Unabhängigkeitspartei nahestehend. Um 1990 mussten die meisten Parteiblätter aufgeben, und Anfang des neuen Jahrtausends schien *Morgunbladid* mit einer Auflage von fünfzig- bis sechzigtausend das alles dominierende Printmedium zu werden; es gab zwar und gibt immer noch eine Boulevardzeitung, die am Nachmittag erscheint, aber ihr Einfluss ist eher begrenzt.

Um den Jahrtausendwechsel gab es dann den ersten Versuch, eine Gratis-Zeitung zu etablieren. Sie hieß *Frettabladid*, das Nachrichtenblatt, und wurde nach einem ersten, misslungenen Anlauf Teil des Firmenimperiums von Jon Asgeir Johannesson, Eigentümer der Baugur-Group. Das Konzept war einfach: Die Zeitung wurde gratis an neunzig Prozent der Haushalte in Island verteilt und ausschließlich durch Werbung finanziert. Baugur war schon lange tonangebend auf dem isländischen Markt, und so war die Zeitungsneugründung eine lukrative Angelegenheit: Berücksichtigte man die teuren Anzeigen im *Morgunbladid,* so konnte man nun noch mehr Haushalte mit weniger Geld erreichen. *Frettabladid* war jedoch durchaus anspruchsvoller als viele Gratis-Zeitungen sonst, es gab sogar eine Kulturredaktion, mittlerweile ist das Blatt die meistgelesene Tageszeitung in Island (Auflage neunzigtausend) – wenn auch nach wie vor umstritten. Viele meinen, der Entwurf zum Mediengesetz, der sich gegen die Monopolisierung im Medienbereich richtete und den David Oddsson 2004 dem Parlament vorlegte, sei ausschließlich gegen die Medien von Jon Asgeir Johannesson gerichtet gewesen; und umgekehrt behaupten viele Anhänger der Unabhängigkeitspartei, Baugur missbrauche seine Medien, um die Interessen seines Firmenimperiums zu wahren.

Die Privatisierung der Banken führte zu einem erneuten Machtanwuchs der vielleicht zwei Dutzend isländischen Milliardäre. 2006 erwarb Björgolfur Gudmundsson einen Anteil des *Morgunbladid,* innerhalb kürzester Zeit dann immer mehr und wurde schließlich zur beherrschenden Kraft. *Morgunbladid,* seit Jahrzehnten im Besitz derselben Familien, hatte sich damals mit einer neuen Druckerei und einem neuen Stammhaus übernommen, weswegen neue Aktionäre gefragt waren. Ein Jahr zuvor hatte man ebenfalls einen Gratis-Ableger gegründet, um mit *Frettabladid* auf dem Anzeigenmarkt mithalten zu können. Ab 2007 hieß dieses Blatt *24 stundir,* 24 Stunden, und nun bekamen die Einwohner von Reykjavík und Umgebung zwei Gratis-Zeitungen zum Frühstück. Vier Tage nach dem Kollaps der Banken, am 10. Oktober 2008, machte die Zeitung dicht, und die Redakteure und Journalisten verloren ihre Jobs, darunter auch die 29jährige Audur Alfifa Ketilsdottir.

»Ein knappes Jahr habe ich als Journalistin rund um die Uhr gearbeitet. Ich kam direkt von der Uni und hatte so gesehen keine Erfahrung. Das Blatt war natürlich eine Blase des wirtschaftlichen Aufschwungs. Wie *Frettabladid*, das seinerzeit gegründet wurde, um mit *Morgunbladid* zu konkurrieren. Damals ging das noch, denn der Anzeigenmarkt war unglaublich stark. Als wir dann auf den Markt kamen, waren viele schon skeptisch. Bereits letztes Jahr dachte ich, jetzt geht es bald zu Ende. Alle sprachen von der Krise, die Anzeigen wurden weniger, und in der Redaktion machte sich Unruhe breit. Wir haben das Ende schon erwartet – aber natürlich hofft man bis zuletzt.«

Audur Alfifa sagt, dass ihre Freunde versucht hätten, sie auf einen langen Urlaubstrip in die USA mitzunehmen, sie aber wegen des Jobs absagen musste. Als die Zeitung dann wenige Tage später zumachte, beschloss sie einfach, ihnen nachzufliegen:

»*Gott segne Island* war ja am 6. Oktober, und am 10. war Schluss mit der Zeitung, fünf Tage später flog ich in die USA und war bis zum 24. November unterwegs. Die ersten Demonstrationen habe ich deswegen nur in den Nachrichten gesehen. War ziemlich merkwürdig, diese breiten Proteste aus dem Ausland zu verfolgen, besonders als Journalistin. Ich bin ja schon immer ein sehr politischer Mensch gewesen. War von Anfang an in der Feministischen Union, ich hatte auch gegen das Kraftwerk am Karahnjukar (ein umstrittenes Werk im Osten Islands) protestiert; ich bin also die typische Linke, die gegen Kriege demonstriert, ich habe wer-weiß-wie-viele Kundgebungen besucht, an denen gerade mal fünfzehn Menschen teilnahmen, und plötzlich stehen da Tausende auf Austurvöllur. Mit Forderungen, die man eigentlich nur aus Retro-Witzen kannte, wie zum Beispiel nach einem höheren Steuersatz für Gutverdienende. Und wo bin ich? Auf einer Urlaubsreise im Ausland, wo ich den Dollar für einhundertvierzig Kronen (das Doppelte des bisherigen Wertes) tauschen muss!«

»Noch im Ausland habe ich mich dann über Facebook bei der so genannten Notstandsregierung der Frauen eingetragen, das waren hauptsächlich Frauen aus der Feministischen Union, die sich diesen Begriff einfallen ließen. Die ursprüngliche Absicht bestand darin, in dieser Notlage eine ›neue Regierung‹ zu präsentieren, die die Dinge endlich in die Hand nehmen würde: Geir Haarde hat ja dauernd Pressekonferenzen abgehalten, aber doch nichts gesagt, und die Regierung schien gar nichts zu tun. Wir wollten zeigen, wo es langgeht. Das Wichtigste war uns, mitten in der Krise an das Prinzip der Gleichberechtigung zu erinnern. Aus dem Ausland wussten wir, dass eine ökonomische Krise Männer und Frauen nicht unbedingt gleichermaßen trifft. Nehmen wir zum Beispiel die Vorschläge des Gesundheitsministers der Großen Koalition, Gudlaugur Thor Thordarson, zu Einkürzungen in seinem Sektor. Da wollte man viele Arbeitsplätze einsparen, die hauptsächlich von Frauen besetzt waren. Streicht man jedoch die entsprechenden Stellen in den Krankenhäusern, fällt die Arbeit zu Hause an, wo sie dann wieder – diesmal kostenlos – hauptsächlich von Frauen erledigt wird. Gleichzeitig redet man von arbeitsbeschaffenden Maßnahmen und meint damit diese typische Industriearbeit für Männer, Brückenbauen und solche Sachen. Hier wollte die ›Notstandsregierung der Frauen‹ sich zu Wort melden, aber die Bewegung kam nicht wirklich in Schwung und ist jetzt wieder eingeschlafen.«

Audur Alfifa lebt in einer kleinen Wohnung in der Innenstadt, die sie mit einer Freundin teilt. Wir fragen sie trotzdem, ob sie am Aufschwung der letzten Jahre teilgehabt hat.

»Mein Arbeitsplatz war ja typisch für die Wachstumsjahre, aber ich selber habe keine großen Schulden und muss nur mich alleine versorgen. Während meiner Amerikareise bekam ich ja noch meinen Lohn wegen der Kündigungsfrist. Jetzt erhalte ich Arbeitslosengeld und habe mich darüber hinaus für ein Studium der Kulturwissenschaft an der Uni eingeschrieben; damit ich weiterhin Arbeitslosenunterstützung erhalte, darf ich allerdings nur ein 30-Prozent-Studium aufnehmen. Aber wenn ich nur Fischklöße esse, komme ich schon damit zurecht.«

Audur Alfifa ist eine selbstbewusste junge Frau, die gerne ein sinnvolles Leben führen will. Wie war der erste Gang zum Arbeitsamt, um sich als arbeitslos registrieren zu lassen?

»In Island kommt es ja fast einer Gotteslästerung gleich, keine Arbeit zu haben, am besten sollte man sich neben seinem eigentlichen Job auch noch nach einem Extrajob sehnen. Hier haben ja alle doppelt gearbeitet. Ich war auch früher schon mal ohne Beschäftigung, aber ohne Arbeitslosengeld zu beziehen, ich habe dann einfach Urlaub gemacht; ich mache gerne Urlaub und schätze meine Freizeit sehr, ich stricke gerne und schaffe es, gut und billig im Lande herumzureisen, aber das darf man ja hierzulande nicht sagen, das ist blasphemisch. Als ich meinen Job verloren habe, habe ich deshalb gedacht, schöne Scheiße, aber dann beantrage ich eben Arbeitslosengeld. Damit meine ich nicht, dass ich keinen neuen Job will, im

Gegenteil, aber ich möchte momentan lieber Arbeitslosengeld beziehen und zu Hause sein, stricken und Reisepläne machen, als irgendwo für genau so wenig Geld die Putzfrau zu spielen. Da bin ich ehrlich.«

»Zum Arbeitsamt bin ich mit der Einstellung gegangen, dass ich mir das Arbeitslosengeld verdient habe. Das ist schon in Ordnung, dachte ich mir, die gesellschaftlichen Verhältnisse sind einfach so, come on. Und dann war es doch nicht so wie gedacht. Mir war irgendwie, als ob ich schwänzte. Die Leute im Arbeitsamt sind ganz nett, aber trotzdem … fast zehn Prozent der Bevölkerung sind plötzlich arbeitslos, weil das Finanzsystem kollabierte, und dennoch schämen sich die Menschen. Öffentlich wird immer gesagt, es sei keine Schande, seinen Job zu verlieren, und doch fühlt es sich so an. Das Letzte, was der Mann im Arbeitsamt zu mir sagte, war: ›Es ist halt so, dass die Menschen mit den spitzesten Ellenbogen auch einen Job bekommen.‹ Es wird weiter so getan, als ob es jede Menge Arbeit gäbe, obwohl es gar nicht mehr so ist.«

»Natürlich mögen alle lieber Leute, die sich mit etwas beschäftigen, als solche, die nichts tun und sich nur schämen. Scham ist das miserabelste Gefühl, das es gibt. Es hat keinen Drive, überhaupt nicht. Nur ganz, ganz wenige sind glücklich, dass sie Arbeitslosengeld kriegen, die meisten schämen sich. Es ist sehr lange her, seit jemand hier arbeitslos war; Island hat ja eine irre Geschichte, was das angeht. Ich kann mich gar nicht mehr daran erinnern, wann ich in einem Geschäft ordentlich bedient wurde – da arbeiten nur noch dumme Teenies.«

Wir fragen Audur Alfifa, ob sie sich an Geir Haardes Rede vom 6. Oktober erinnert.

»Na klar. Ich habe gehört, damals hätten alle gesagt, jetzt sei der Untergang nahe, der Premierminister habe Gott gebeten, Island zu segnen. Bei mir trat keine Panik auf. Ich dachte nur, shit, muss er wirklich so einen Blödsinn reden? So was hätte normalerweise zu George Bush gepasst, der war doch immer ein wenig crazy. Aber das lag auch ein wenig an meiner Ignoranz. Ein ganzes Jahr hatte ich mich nur mit Nachrichten beschäftigt, und die ganze Zeit redeten die Leute von der Krise, und ich hatte alle Nachrichten zur Krise in allen Zeitungen, die ich zu Gesicht bekommen hatte, gelesen, und dennoch war mir nicht klar, worum es eigentlich ging. Ich fragte meine Kollegen, die tagaus, tagein Wirtschaftsberichte lasen, was dieses oder jenes eigentlich für sie persönlich bedeutete, aber keiner wusste etwas darauf zu antworten. Als das Bankensystem kollabierte, war ich also zunächst einmal ratlos.«

»Ich empfinde trotz der Krise die gesellschaftliche Lage als nicht so besonders anders als früher. Man leistet sich nicht mehr ganz so viel Bier in der Kneipe, und es gibt mehr Arbeitslose, aber wir sind ja nicht dabei, unsere Wohnungen zu verlieren oder zu hungern. Und obwohl viele nun schwer verschuldet sind, so weiß ich doch, dass es genügend Häuser gibt. Die existieren ja. Nach all diesen Nachrichten über finanzielle Transaktionen, die kein Mensch verstand, und über Profite, die aus heiterem Himmel zu kommen schienen, ist es gut zu wissen, dass es diese Häuser tatsächlich gibt – mögen auch manche von ihnen schlecht gebaut sein. Im Grunde ist es ja so: Nach dem Kollaps wurde die Welt wieder wirklich. Das Gerede von all diesem Profit auf den Finanzmärkten war doch irgendwie unwirklich, das konnte ja nicht mit rechten Dingen zugehen. Jetzt ist die Welt wieder wahr, und ich hoffe nur, dass wir auf diesen Ruinen eine bessere Gesellschaft bauen. Natürlich wird der ganze Quatsch irgendwann wiederkommen, in irgendeiner Form, aber trotzdem glaube ich an ein neues Island.«

Die Krise im Kopf

Ingibjörg Solrun Gisladottir,
ehemalige Außenministerin

»Es ist an der Zeit,
dass ich meine Niederlage anerkenne.«

Am 29. September 2008 übernahm die Isländische Zentralbank, stellvertretend für den Staat, Dreiviertel der Aktien der isländischen Bank Glitnir. Es war der Anfang vom Ende des isländischen Banken-Abenteuers. Am selben Tag musste sich die isländische Außenministerin, Ingibjörg Solrun Gisladottir, in New York einer Gehirnoperation unterziehen. Es war der Anfang vom Ende ihrer politischen Karriere.

Ingibjörg Solrun war schon lange die Hoffnungsträgerin der isländischen Linken. 1954 geboren, studierte sie auf Island Geschichte und Literatur. Mit dreiundzwanzig Jahren wurde sie Vorsitzende des isländischen Studentenverbandes, und fünf Jahre später saß sie für die so genannte Frauenliste im Bürgerrat von Reykjavík. Die Liste, die sich später landesweit etablierte, war eine feministische Partei und eher zur Linken zu rechnen. 1991 kam Ingibjörg Solrun für die Frauenpartei auch ins Parlament, das Althingi. In Reykjavík hatten jedoch seit Jahrzehnten die Konservativen in der Unabhängigkeitspartei das Sagen. Die Opposition war in den Nachkriegsjahren schwach und zerstritten, und ihre einzige Periode an der Macht – in den siebziger Jahren – galt als misslungen. Aber alle Oppositionsparteien hegten die Hoffnung, diese wichtigste Bastion der Unabhängigkeitspartei einmal bezwingen zu können, und 1994 stellten sie sich gemeinsam zur Wahl, mit einer Regenbogenkoalition, der so genannten Reykjavíkliste. Bürgermeisterkandidatin war Ingibjörg Solrun. Und ihr und der Liste gelang tatsächlich das schier Unmögliche: Sie besiegten die Konservativen. Sie wurde Bürgermeisterin, gewann danach auch die Wahlen 1998 und 2002, und wurde damit zum Liebling der Linken und gleichzeitig zur Erzfeindin des früheren Bürgermeisters und damaligen Premierministers David Oddsson. Auf Landesebene bildete man nach diesem Vorbild vor den Parlamentswahlen 1999 das Wahlbündnis *Samfylkingin* (wörtlich Einheitsfront) – bestehend aus der Frauenpartei, der alten, aber kleinen sozialdemokratischen Partei und dem Großteil der Sozialisten, die sich in der so genannten Volksallianz fanden. Damit schien sich ein alter Traum von einer einheitlichen Linken verwirklicht zu haben.

Im Lande jedoch hatte weiterhin die Koalition der Unabhängigkeitspartei und der kleineren Progressiven Partei das Sagen, und das Ergebnis der Vereinigten Sozialdemokraten bei den Wahlen 1999, 27 Prozent, genügte nicht, diese Koalition zu stürzen. Für die Wahlen 2003 überlegte man sich deshalb, den offensichtlichen Gisladottir-Effekt auch auf Landesebene anzuwenden, und stellte sie als Premierministerkandidatin der Sozialdemokraten auf. Dies rief allerdings den Unwillen der übrigen Parteien auf der Reykjavíkliste hervor, wonach sie als Bürgermeisterin zurücktreten musste: Ihr bis dahin fast lupenreines Image bekam erste Flecken.

Die Wahlen 2003 bedeuteten, mit 31 Prozent für die Sozialdemokraten, einen großen Erfolg für sie persönlich und für die Partei – wobei es nicht ganz reichte, denn die Mitte-Rechts-Koalition blieb an der Macht; die Unabhängigen sackten zwar von 40 Prozent auf 34 Prozent ab, aber mit 18 Prozent für die Progressiven reichte es gerade noch. Ingibjörg Solrun engagierte sich jetzt mehr in der Partei, denn als solche hatte sich inzwischen das Wahlbündnis konstituiert, und übernahm 2005 nach einer Kampfabstimmung (gegen Össur Skarphedinsson, ihrem Schwager, verheiratet mit der Schwester ihres Mannes) den Vorsitz, trat als unangefochtene Parteiführerin bei den Wahlen 2007 auf. Wieder genügte das Resultat der Opposition nicht, die Macht im Staat zu übernehmen. Diesmal jedoch war das Rennen denkbar knapp ausgefallen: Die Regierung verfügte nur noch über eine Mehrheit von einer Stimme, und die Koalition der Unabhängigen und der Progressiven war in einen Zustand der Abnutzung eingetreten. Die Sozialdemokraten drängten an die Macht; eine Volkspartei dieser Größe will staatstragend sein, und Ingibjörg Solrun wusste wahrscheinlich, dass sie nicht zum dritten Mal erfolglos als Premierministerkandidatin der Opposition auftreten konnte, wenn sie ihre politische Karriere langfristig sichern wollte. David Oddsson, der frühere Parteichef der Unabhängigen und Ingibjörg Solruns langjähriger Gegner, hatte sich aus der Politik zurückgezogen und war Zentralbankchef geworden; die Parteien konnten damit endlich miteinander reden. Und so entstand die Große Koalition ehemaliger Gegner im Frühjahr 2007. Die Situation schien günstig: Die Isländer schwelgten im Geld, erste Zeichen der Krise wurden nicht ernst genommen, das Regieren schien einfach. Die Sozialdemokraten wurden zwar dafür kritisiert, die Unabhängigen weiter an der Macht zu halten, aber eine andere Konstellation schien nicht wirklich machbar, und Ingibjörg Solrun hatte den größten Teil der Partei hinter sich. Sie wurde Außenministerin im Kabinett von Geir Haarde. Im Nachhinein nahm damit eine klassische Tragödie ihren Anfang: Alle Schritte waren logisch und unumgänglich, aber sie führen direkt ins unabwendbare Ende.

Schon damals war Ingibjörg Solrun als Person und Parteiführerin nicht unumstritten. Sie galt vielen als kühl, wenig
volksnah, als zu intellektuell und überheblich. Eine Meinung,
die ich verstehe, aber nicht teile. Wir kennen uns seit mehr als
dreißig Jahren.

»Für mich war der dramatische Montag nicht der 6. Oktober 2008, sondern der 29. September, der Tag, an dem ich
operiert und die Glitnir Bank übernommen wurde. Aber im
Prinzip fing alles bereits eine Woche vorher an. Premierminister Geir Haarde und ich waren in New York, um an der Gene-
ralversammlung der Vereinten Nationen teilzunehmen.«

Island kandidierte für einen Platz im UN-Sicherheitsrat, und
die Wahl sollte am 17. Oktober stattfinden. Das Außenmini-
sterium hatte seit Jahren auf diese Kandidatur hingearbeitet
und Hunderte Millionen von Kronen investiert. Aus jetziger
Sicht kommt einem auch dies tragisch oder jedenfalls tragiko-
misch vor.

»Ich saß gerade in einem Plenum über die Situation der
Frauen und der Entwicklungshilfe in Afrika, als mir schwinde-
lig wurde. Ich konnte noch meinen Beitrag leisten, und plötzlich war mir, als ob ich ohnmächtig werde. Ich schlich mich
aus dem Plenum und musste mich dann in jeden zweiten Pa-
pierkorb der UN übergeben. Noch am selben Tag wurde ich
medizinisch untersucht. Man stellte umgehend einen Gehirntumor fest und meinte, ich solle ihn am besten gleich in New
York operieren lassen. Die isländischen Ärzte, die ich telefo-
nisch konsultierte, waren derselben Meinung.«

»Anfangs war mir der Ernst der Lage überhaupt nicht bewusst. Man sagte mir gleich, dass der Tumor – den ich wohl
schon seit meiner Jugend im Kopf hatte – gutartig sei. Aller-

dings hatte er jetzt offensichtlich zu wachsen begonnen, was auf jeden Fall eine gefährliche Sache war. Ich sah das aber eher kühl und sagte mir, dass so etwas eben einem gewissen Prozentteil der Bevölkerung passiert, ›shit happens‹, es ging nur darum, den Tumor wegzuoperieren, und damit hatte es sich. Es ist ja gutartig, dachte ich.«

»Die Operation sollte am nächsten Montag (dem 29.9.) stattfinden. Am Freitag rief mich Geir Haarde an und sagte, er wolle nach Hause, er habe seine Geschäfte erledigt, und es gäbe da Gerüchte um die Glitnir Bank, im Flieger am Nachmittag wäre noch Platz, und er wolle jetzt los. Ich hatte nichts dagegen einzuwenden. Am Sonntag, und das habe ich bisher nicht öffentlich erzählt, rief mich dann Rechtsanwalt Gestur Jonsson an, der mir sagte, es fänden inzwischen ununterbrochen Krisensitzungen wegen Glitnir statt, mit dem Premierminister und dem Zentralbankchef und allen möglichen Menschen mehr. Ob wir, die Sozialdemokraten, gar nicht mit dabei wären und nicht Bescheid wüssten?«

Gestur Jonsson ist der Anwalt von Jon Asgeir Johannesson, dem Haupteigentümer der Baugur-Group und gleichzeitig Großaktionär von Glitnir.

»Ich dachte, unmöglich, das sind sicher nur vorbereitende Gespräche. Rief aber trotzdem Geir Haarde an, der mir erklärte, ja, Glitnir sei fertig, und man bespreche eine Übernahme. Und ich erfahre das Ganze zufällig von einem Rechtsanwalt! Das muss man sich mal vorstellen. Da muss doch jemand von uns mit dabei sein, sage ich – sogar unser Handelsminister, der für die Banken verantwortlich ist, wusste von nichts. Ich rufe also Össur Skarphedinsson an (den Industrieminister und noch immer zweiter Mann der Partei). Er ist gerade unterwegs ins

Fitnessstudio, und ich bitte ihn, umgehend an diesen Gesprächen teilzunehmen. Aber da war alles schon gelaufen, David Oddsson hatte die Übernahme bereits vorbereitet. Noch in der Nacht vor der Operation plagte mich der Gedanke, wie unmöglich und bizarr das alles war, nicht nur weil eine Bank vom Staat übernommen würde, sondern auch wegen der Akteure: David Oddsson und Jon Asgeir Johannesson.«

Und tatsächlich: Zwischen David und Jon Asgeir gab es schon seit Jahren Streit. Als Premierminister hatte David den reichsten Mann des Landes einmal beschuldigt, er hätte ihn bestechen wollen, und Jon Asgeir war der Ansicht, David wolle seine Firmen mit allen Mitteln, unter anderem dem Mediengesetz, kleinhalten.

»Ich dachte, wenn die zwei morgen wieder die Hauptakteure sind, wird jeder das Ganze mit großem Misstrauen aufnehmen. Ich habe Geir Haarde diesbezüglich eine SMS geschickt, noch kurz vor der Operation. Aber es war nichts mehr zu machen.«

Die Übernahme von Glitnir erfolgte, nachdem die Bankchefs von Glitnir zur Zentralbank gegangen waren, um die Möglichkeit eines Notdarlehens zur Rettung der Bank zu besprechen. Auf die in Island oft diskutierte Frage, ob die Übernahme von Glitnir ein falscher Schritt gewesen wäre, antwortet Ingibjörg mit einem klaren Nein:

»Die Übernahme hätte sicher besser vorbereitet und begleitet werden müssen. Aber ich frage mich oft, wieso in aller Welt diese Leute (der Vorstandschef und der Aufsichtsratsvorsitzende der Bank) zuerst zur Zentralbank gegangen sind anstatt zur Regierung. Nachdem die Zentralbank über den Ernst der Lage aufgeklärt worden war, hatte sie ja die

Pflicht, eine öffentliche Erklärung von sich zu geben, und das musste am Montag erfolgen. Und hätte man der Bank diesen Kredit gewährt, wäre das weggeworfenes Geld gewesen. Der nächste große Zahlungstermin stand kurz bevor. Man darf nicht vergessen, diese Leute hatten uns belogen. Die Manager aller drei Banken hatten uns erzählt, dass die Finanzierung bis Jahresende gesichert wäre, ja sogar bis ins Jahr 2009 hinein. Und dann kamen sie plötzlich und brauchten dringend Geld, weil sie ums Überleben kämpften? Was sollte man da glauben?«

»Eine Woche später, als Geir Haarde seine berühmte Ansprache hielt, hatte man mich schon aus dem Krankenhaus entlassen. Ich fuhr in die isländische Botschaft von New York, um dort die Rede live zu verfolgen. Ich wusste natürlich, worum es ging, im Gegensatz zur breiten Öffentlichkeit, die nach der Rede auch nicht schlauer war. Es war eher, als ob jemand erzählte, eine riesige Schneelawine sei abgegangen, ohne genau zu sagen, wo oder was man deswegen zu unternehmen gedenke. Die Regierung hatte ein Kommunikationsproblem, und das bestand auch weiter. Mir selber blieb nichts anderes übrig, als die Geschehnisse aus der Ferne zu verfolgen, und ich fühlte mich ziemlich isoliert und ohnmächtig, auch wenn ich jeden Nachmittag einen Bericht über die Ereignisse vor Ort bekam.«

Zehn Tage nach dem Sturz der Banken stimmten die Vereinten Nationen über die freien Sitze im Sicherheitsrat ab. Österreich und die Türkei bekamen den Zuschlag, Island ging leer aus. Aber zu dieser Zeit hatte man auf Island bereits andere Sorgen und kam sich in jeder Hinsicht wie der größte Loser auf dem internationalen Parkett vor. Kurz danach flog

Ingibjörg Solrun nach Hause. Hatte sie der Kollaps des Finanzsystems ebenso überrascht wie die meisten Isländer?

»Dass es so drastisch, so abrupt kommen würde, das hatte ich nicht erwartet. Dass die Expansion der isländischen Banken irgendwann zu einem natürlichen Ende kommen würde, darüber war ich mir im Klaren, aber nicht, dass es so dramatisch werden würde. Es war natürlich schon lange ziemlich verrückt zugegangen, diese ständigen Kredite, diese endlosen Aufkäufe auf Pump von Firmen, die dann aufgeteilt und wieder verkauft wurden, immer gewinnbringend den Bilanzen zufolge. Dabei wuchs natürlich nur die Verschuldung. Wir hatten es ja mit drei Blasen zu tun: der Immobilienblase, der Aktienblase und der Währungsblase. Die Währung der Krone, die ganz und gar unrealistische Höhen erreicht hatte, kam dabei als Erstes zu Schaden.«

Dieser Sachverhalt ist inzwischen hinreichend bekannt, aber ich muss natürlich auch mit meiner alten Freundin über Verantwortung und Schuld sprechen. Die isländischen Politiker taten sich schwer damit, Verantwortung zu übernehmen, in den ersten Monaten trat kein einziger von ihnen zurück. Hätten sie nicht früher reagieren müssen? Die Währung fiel ja bereits im März 2008 drastisch – bestand nicht da schon dringender Handlungsbedarf?

»Das mag sein, und natürlich habe ich mir auch darüber in der Vergangenheit Gedanken gemacht. Ich glaube, der Fehler oder vielleicht meine Sünde bestand darin, dass ich mich zu sehr auf Experten und Fachleute verlassen habe. Ich nahm an vielen Sitzungen der Zentralbank teil, und natürlich griff Zentralbankchef David Oddsson in geheimer Runde zu harten Worten: Die Expansion sei der reinste Unsinn, die Akteure seien alles Kriminelle und so weiter und so fort. Aber für mich war das alles nicht wirklich überzeugend, und ich wusste nie, ob persönliche Fehden im Hintergrund standen oder nicht. Mir war natürlich klar, dass da etwas nicht stimmte, aber ich wusste auch, dass die Zentralbank und die Finanzaufsicht ihre Mittel hatten, um regulierend einzugreifen. Mir war beispielsweise bekannt, dass die skandinavischen Kollegen und die europäische Zentralbank in Gesprächen mit der isländischen Zentralbank darauf bestanden hatten, dass der Internationale Währungsfonds das isländische Bankwesen prüfen, sozusagen ein Gesundheitsattest ausstellen sollte. Und dass sie von der Zentralbank und der Finanzaufsicht verlangten, dass sie von ihren Mitteln Gebrauch machten, um die isländischen Banken auf Kurs zu bringen. Und ich dachte, das tun sie sicher auch, wenden ihre Mittel an, um den Anweisungen der skandinavischen und europäischen Zentralbanken zu folgen. Man könnte vielleicht sagen, es war ein Fehler, nicht genauer verfolgt zu haben, zu welchen Maßnahmen tatsächlich gegriffen wurde.«

In Island, wie in vielen anderen Ländern auch, hatte der Markt jahrelang mehr und mehr Aufgaben des Staates und der Politik übernommen. Wenn die Politik jetzt plötzlich einschreiten sollte, um den Markt zu retten, war sie dazu überhaupt qualifiziert?

»Sicher fehlte es in der Politik an Kompetenz. Und ebenso mangelte es an klaren Regeln und Richtlinien für den Markt. Man sollte ja nicht vergessen, wer auf Island jahrzehntelang das Sagen hatte. Es waren Leute von der Unabhängigkeitspartei, die auch oftmals den Markt beherrschten. Es ist natürlich problematisch, wenn die linke Hand die rechte kontrollieren soll. Mit der Privatisierung der Banken fing ja alles an. Die Banken gingen an bestimmte Gruppen mit den richtigen politischen Verbindungen. Man entschied sich für einen Haupteigentümer pro Bank, anstatt das Ganze wie ursprünglich geplant auf eine breite Eigentümerbasis zu stellen. Und dann wurden die Banken privatisiert, ohne dass es dafür überhaupt ein entsprechendes Gesetz- oder Regelwerk zur Privatisierung gegeben hätte. Man machte es auf der Gesetzesgrundlage, die man für öffentliche Ausschreibungen benutzte, so als ginge es bloß darum, neue Stühle fürs Klassenzimmer zu kaufen. Dann suchte man sich Großaktionäre, die mir wiederum im Nachhinein erzählt haben, man hätte ihnen zugesichert, der Staat würde hinter ihnen stehen. Keine Ahnung, ob dies stimmt.«

»Den größten Teil der Verantwortung tragen für mich also die Vorstände und Eigentümer der Banken. Wenn sich einer wie ein Verrückter auf der Straße aufführt und deshalb aus der Kurve fliegt, ist das seine Schuld, nicht die derjenigen, die für die Aufstellung der Leitplanken verantwortlich sind. Aber natürlich waren unsere Kontrollorgane viel zu schwach, um ein so starkes und agressives Finanzsystem wirklich regulieren zu können. Die staatliche Finanzaufsicht litt an chronischem Geldmangel und hatte nicht die Kapazitäten dazu, es mit den Banken aufzunehmen. Auch fehlten uns Regeln, etwa zum so genannten Crossownership (wechselseitiger Besitz der Haupteigentümer), beziehungsweise darüber, was die Banken ihren Eigentümern leihen durften und was nicht. Am Schluss waren die Banker dann verzweifelt damit beschäftigt, vor dem drohenden Ende noch so viel wie möglich zusammenzuraffen. Die Icesave-Konten und Ähnliches sind ja nur deswegen erfunden worden, weil die Banken sich nicht mehr anders finanzieren konnten.«

»Als ich endlich von New York nach Hause kam, war das ganze System zusammengestürzt, wir waren auf einer Rettungsexpedition. Ich dachte, meine Operation wäre zufriedenstellend verlaufen, wusste zwar, dass ich noch nicht wieder ganz auf dem Damm war (und hier lacht sie), aber es galt jetzt, alles zu tun, um das Land vor dem Schlimmsten zu bewahren. Össur Skarphedinsson und ich waren sozusagen die zwei Leithammel der Partei auf dieser Expedition. Am Wichtigsten war, mit dem IWF (Internationaler Währungsfonds) ein Abkommen zu erreichen. Wir mussten Pläne vorlegen, um den IWF zu überzeugen und auch die skandinavischen Zentralbanken. Zentralbankchef David Oddsson zog aus heiterem Himmel plötzlich die Zusage eines sehr hohen russischen Darlehens aus der Tasche, und kein Mensch wusste, was dahintersteckte, und schließlich verlief es ja auch im Sand. Von unseren Alliierten in Europa und Amerika wurde es fast wie eine politische Drohung empfunden.«

»Bei der Übernahme der Kontensicherung von Icesave hatten wir im Grunde genommen keine Wahl. Da musste der isländische Staat versprechen, seinen Teil zu tragen. Der IWF hatte sich bereit erklärt, uns seinen Teil des Kredits zu geben, den wir brauchten, aber nur, wenn die Nordischen Staaten und andere europäische Länder ihren Teil ebenfalls leisteten. Und diese wiederum sagten, dies würden sie nur tun, wenn wir uns an die Kontensicherungsregeln der EU halten würden. Wenn man die unterminierte, würde kein Mensch mehr in Europa einer Bank vertrauen. Also hatten wir keine Wahl.«

»Der Dezember war ein schlimmer Monat. Das Vertrauen in die Regierung bröckelte, und dann bekam ich die Nachricht, die Geschwulst habe wieder zu wachsen begonnen. In der Partei sahen wir, dass wir eventuell eine neue Regierung mit den Links-Grünen und den Progressiven bilden könnten, aber das war keineswegs sicher. Dazu mussten wir die gegenwärtige Regierung sprengen, aber die Frage war natürlich, wie? Außerdem war für uns das Abkommen mit dem IWF wichtig, aber die Links-Grünen standen dem sehr kritisch gegenüber, und wir mussten die Haushaltsgesetze verabschieden. Auch hatte ich inzwischen ernsthafte Zweifel an meiner Gesundheit; ich fühlte mich nicht unbedingt in der Lage, eine Regierung zu sprengen und eine neue zu bilden. Dann kochten auch noch die Gerüchte über eine Umbildung der Regierung hoch, wo ich das Finanzministerium übernehmen sollte.«

Bei Ingibjörg Solruns Erläuterung kommt man nicht umhin zu fragen, wieso sie überhaupt in der Regierung blieb und wieso die Umbildung nicht kräftiger betrieben wurde.

»Natürlich gab es Gründe für einen Rücktritt des Finanzministers, aber ich war nicht unbedingt dazu imstande, dieses schwierige Ministerium zu übernehmen. Die Unabhängigkeitspartei hätte ja auch von sich aus wechseln können. Aber aus dieser Richtung kam nichts. Zwei Dinge waren meiner Partei besonders wichtig: ein Wechsel in der Leitung der Zentralbank und die Entscheidung für Beitrittsverhandlungen mit der EU. Aber Geir Haarde wollte an der Zentralbank erst mal nicht rühren. Er sagte, er könnte das erst nach dem Parteitag, der für Ende Januar angesagt war, machen, aber danach würde die Partei sich auch für Beitrittsverhandlungen mit der EU aussprechen. Diese Gespräche fanden um Neujahr herum statt. Ich dachte damals, lasst uns ihren Parteitag abwarten. Wenn die Unabhängigen danach nicht dazu stehen, haben wir jeden

Grund, die Koalition platzen zu lassen. Hätten wir das im November gemacht, hätte es so ausgesehen, als ob wir vor den schwierigen Aufgaben davongelaufen wären.«

So wurden eigentlich alle Entscheidungen einfach verschoben, möglicherweise auch aus privaten Gründen:

»Anfang Januar erfahre ich dann, dass ich nach Stockholm muss, um den Tumor mit so genannten Gammastrahlen behandeln zu lassen. Ginge alles nach Plan, wäre ich rechtzeitig vor dem Parteitag zurück und arbeitsfähig. Also dachte ich, warten wir erst mal den Parteitag Ende Januar ab.«

Ingibjörg Solrun sagt das alles eher gelassen, und es mag für viele vernünftig und politisch vertretbar klingen, und doch sollte sie sich in diesem Punkt irren. Wie schon erwähnt, nahm das Parlament nach der Weihnachtspause seine Arbeit am 20. Januar wieder auf, woraufhin es zu den besagten großen Protesten kam. Tags darauf flog Ingibjörg Solrun nach Stockholm.

»Natürlich war es absurd, dass die erste Parlamentssitzung nicht mit einer Ansprache des Premierministers zur wirtschaftlichen Lage der Nation begann. Die Proteste waren äußerst verständlich. Und wieder musste ich die Geschehnisse von einem Krankenbett im Ausland verfolgen. Aber mir war auch, als ob alle meine Parteikollegen einfach aufgaben. Keiner versuchte den Leuten die Sachlage zu erklären. Man gab einfach auf. Die Bevölkerung war wütend und aufgeregt, was höchstverständlich war, aber gerade in so einer Situation sollten Politiker ja eigentlich Ruhe bewahren.«

Was Ingibjörg Solrun indes selbst nicht so recht gelang, wenn man an ihren umstrittenen Auftritt denkt, als sie während der Proteste einem vollbesetzten Saal von aufgebrachten

Leuten zurief: »Ihr seid nicht das Volk.« Inzwischen gibt es sogar eine Rockband, die sich »Nicht das Volk« nennt.

»Es mag ja arrogant klingen, aber es hilft nichts. Die Bevölkerung hat das Recht zu protestieren, aber die Politiker müssen Lösungen finden. Es hilft nicht, wenn Politiker mitschreien. Sie müssen erklären und Lösungsvorschläge machen, dazu sind sie gewählt. Aber niemand wollte die unbequeme Wahrheit hören.«

Ingibjörg Solrun kehrte nach knapp einer Woche aus Stockholm zurück; die Reise war allerdings nicht wie geplant verlaufen. Auf dem Behandlungstisch hatten ihr die schwedischen Ärzte erklärt, man wolle lieber schneiden als bestrahlen, und spätestens da wurde Ingibjörg Solrun klar, wie ernst auch die Krise in ihrem Kopf war.

Zurück in Island stand sie vor schweren Entscheidungen und war in ihrer Partei ziemlich isoliert. Sie stellte der Unabhängigkeitspartei, die inzwischen ihren Parteitag verschoben hatte, ein Ultimatum. Die Zentralbankleitung sollte sofort ausgewechselt werden, und die Sozialdemokraten sollten den Premierminister stellen, wofür sie Johanna Sigurdardottir vorschlug, die Politikerin, die das weitaus größte Vertrauen genoss. Die Unabhängigen wollten und konnten diesen Vorschlägen nicht zustimmen, die Regierung zerbrach, in wenigen Tagen wurde eine neue Minderheitsregierung aus Sozialdemokraten und Links-Grünen gebildet. Ingibjörg Solrun war dabei die maßgebende Politikerin, es ging hart zur Sache, und dabei konnten alle im Fernsehen miterleben, dass es ihr schlecht ging, dass sie schwankte und kaum ohne Hilfe gehen konnte. Ihr Gesundheitszustand war sehr viel schlechter als nach der Operation in New York, aber sie griff viel entschiedener ein.

»Es schien mir, dass ich im November zu wenig Initiative gezeigt hatte, ich denke, da hätten wir von den Linken schon mehr Führungsstärke zeigen müssen. Als ich aus Stockholm kam, erkannte ich, dass die Konservativen nichts tun würden. David Oddsson war weiterhin Zentralbankchef, sie hatten ihren Parteitag verschoben, die Sache mit der EU lag auf Eis – es war Zeit, dass wir die Führung der Regierung übernahmen. Und ich wusste, dazu brauchten wir jemanden, der bei der Bevölkerung Vertrauen genoss. Und da fiel mir plötzlich Johanna (Sozialministerin der Regierung) ein. Sie erfüllte alle Kriterien. Ich wünschte nur, ich wäre schon im Dezember darauf gekommen.«

Mit der neuen Regierungsbildung trat Ingibjörg Solrun als Außenministerin zurück und flog sofort in den Süden, um sich drei Wochen der Genesung zu gönnen. Als unser Gespräch stattfindet, ist sie gerade zurückgekommen.

»Was glaubst du, wird mit unserem Land passieren?«, frage ich sie.

»Keine Ahnung. Da gibt es viele Möglichkeiten. Wir waren ohne Staatsverschuldung, jetzt sind wir vielleicht ein durchschnittsverschuldeter Staat. Wir haben jede Möglichkeit, uns zu erholen. Aber was wir lernen können und müssen, ist, dass Habgier und die Gesetze des Marktes auch sehr destruktive Kräfte sein können, so sehr sie manchmal auch nützlich sind. Es sollte ein Gleichgewicht zwischen Kapital und Staat herrschen. Der Staat hat weiterhin die wichtige Funktion, das Kapital zu zähmen, damit die Kräfte des Marktes konstruktiv für die Menschen wirken.«

Während des Gesprächs klingelt das Telefon andauernd, Mann und Sohn antworten abwechselnd. Man wartet auf

Ingibjörg Solruns Entscheidung, ob sie bei den Wahlen und für den Parteivorsitz kandidiert. Das sollte tags darauf bekannt gegeben werden. Ich merke, dass sie kandidieren möchte:

»Weißt du, aufgeben liegt mir nicht, ich will den Tumor nicht gewinnen lassen. Mag sein, dass die Krankheit wiederkommt und die Geschwulst wieder zu wachsen anfängt, aber ich traue mir den Kampf zu. Ich habe noch einiges zu erledigen.«

Tags darauf halten Johanna Sigurdardottir und Ingibjörg Solrun eine gemeinsame Pressekonferenz ab, auf der sie bekannt geben, dass Johanna als Premierministerkandidatin der Sozialdemokraten in die Wahlen gehen wird, Ingibjörg Solrun sich um den zweiten Platz auf der Liste in Reykjavík, nach Johanna, bewirbt und gleichzeitig weiterhin für den Parteivorsitz zur Verfügung steht. Die Entscheidung wird von manchen willkommen geheißen, ist aber bei Weitem nicht unumstritten.

Eine Woche verstreicht. Es ist ein schöner Sonntag, als Ingibjörg Solrun kurzfristig eine Pressekonferenz bei sich zu Hause einberuft. Sichtlich geschwächt erklärt sie ihren Rücktritt von allen Parteiämtern. Bei den Wahlen wird sie nicht kandidieren.

»Es ist an der Zeit, dass ich meine Niederlage anerkenne«, sagt sie. Sie meint den Tumor.

Mit dem Lastwagen gegen die Wand

Jakob Lindal, Architekt

*»Plötzlich standen wir mit unserer siebenköpfigen
Mannschaft am Rande des Abgrunds.«*

Jakob Lindal, 52, ist ein gut ausgebildeter Architekt, der seit mehr als zehn Jahren mit einem Kollegen seine eigene Firma führt. Sie waren erfolgreich, mit vielen guten Aufträgen versorgt und einem soliden Umsatz gesegnet.

»Am 1. Oktober 2008 war unser Architekturbüro mit seinen sieben Angestellten zwei Jahre im Voraus ausgebucht. Seit zehn Jahren hatten wir uns nicht um Aufträge bewerben müssen, wir brauchten längst keine Kredite mehr, auf unserem Konto hatten wir den Umsatz von knapp zwei Monaten stehen, alles in allem war es ein guter Betrieb. Dann kippte Glitnir, und mir war sofort klar, dass es jetzt schwierig werden würde. Als Geir Haarde seine *Gott-segne-Island*-Rede hielt, war das für mich keine Überraschung, sondern die nackte Wahrheit. Ich wusste, dass dieses Land Gott nötig hatte. Ich hatte sogar meinen Bruder in Kanada angerufen und ihm gesagt, es sei nicht ausgeschlossen, dass ich mit meiner gesamten Familie zu ihm ziehen würde. Als die anderen Banken stürzten, bedeutete dies das Aus für unser Büro. Innerhalb einer Woche kamen sämtliche Aktivitäten zum Stillstand. Und mit den Banken stürzten auch die Aktien und damit schwanden meine Ersparnisse. Ich bin ja zweiundfünfzig und habe seit einigen Jahren versucht, vorzusorgen, was am Monatsende übrig blieb, in Aktien und Wertpapieren zu investieren und das Geld auch vernünftig zu streuen. Alles vergebens. Plötzlich standen wir mit unserer siebenköpfigen Mannschaft am Rande des Abgrunds.«

»Die Kündigungsfrist beträgt drei Monate, und wir haben allen gekündigt, eigentlich auch uns selber, und ab dem 1. November versuchte dann die gesamte Mannschaft, irgendwo Projekte aufzutreiben. Wir schmiedeten Krisenpläne, gingen allen unseren Kontakten nach, sahen uns im Ausland um, versuchten über Verbindungen in England, Deutschland, Panama und Kanada Aufträge zu bekommen, boten uns überall als Dienstleister an, wir haben alles versucht. Ohne Erfolg. Wir haben ja zahlreiche gute Kontakte ins Ausland, hatten mit den verschiedensten Leuten an unterschiedlichen Projekten gearbeitet, aber nun wollte keiner mehr mit unserem Land zu tun haben. Man traute uns nicht. Die Leute suchten sich lieber Partner in Ländern, die sicherer waren, wie zum Beispiel Indien. Lieber Indien als Island.«

»Dennoch haben unsere Leute sich jeden Tag richtig ins Zeug gelegt, haben geackert, um neue Aufträge aufzutreiben, bis die Kündigungsfrist verstrichen war und ihnen nichts anderes übrig blieb, als nach Hause zu gehen. Ich hatte ausgerechnet, dass wir allen unseren Verpflichtungen nachkommen und unsere Schulden würden bezahlen können, und wenn der letzte Mann das Haus verlassen würde, hätten wir so ungefähr den Nullpunkt erreicht. Ich hatte auch die Bank aufgesucht, um zu sehen, über welche Wertpapiere wir noch verfügten und ob sie uns noch Kredit geben könnten und so weiter. Aber leider war dann alles noch dramatischer, als wir gedacht hatten. Unsere Rechnungen für das letzte halbe Jahr waren noch nicht beglichen worden. Nach dem 1. November hörten alle einfach auf zu zahlen. Nirgendwo floss mehr Geld. Wir mussten viele unserer Forderungen kürzen und andere abschreiben, weil unsere Auftraggeber in Konkurs gegangen waren.«

Jakob Lindal, verheiratet und Vater von vier Kindern, erzählt nüchtern und ohne Selbstmitleid, wirkt manchmal vielleicht etwas betäubt von den Geschehnissen. Bereitwillig und nicht ohne Ironie zeigt er uns seine Bücher und Pläne, die doch bisher nichts genutzt haben.

»Jetzt, fünf Monate später, hat sich immer noch nichts getan: keine Aufträge, keine neuen Projekte, nur ein paar Kleinigkeiten hier und da. Wir stecken wieder ganz am Anfang, als man am Küchentisch arbeitete – zu planen gibt es vielleicht eine Garage, ein Dachfenster, einen kleinen Umbau, nichts also, womit man ein Architekturbüro betreiben kann. Im Büro sitzen nur noch wir zwei Eigentümer und ein Techniker, der halbtags arbeitet. Meine persönlichen Ersparnisse sind dahin, wir sitzen in einer Firma, die Schulden sammelt. Letzten Sommer machten wir noch den Fehler, uns ein Sommerhaus zu bauen. Wir hatten so ein Projekt mit neun Sommerhäusern am Laufen und dachten, eins davon nehmen wir, im Notfall kann man es ja immer noch verkaufen. Jetzt haben wir zwar das Sommerhaus, aber wir können es höchstens für einen Bruchteil dessen, was wir investiert haben, wieder losschlagen. Um es zu bauen, haben wir ein Darlehen von fünfzehn Millionen Kronen in ausländischen Devisen aufgenommen. Das beläuft sich jetzt auf dreißig Millionen. Dabei haben wir selbst ungefähr fünfunddreißig Millionen in das Haus gesteckt, und jetzt könnten wir es allerhöchstens für zwanzig Millionen verkaufen, wenn überhaupt. So ist das, wenn die Ersparnisse schwinden und die Schulden sich anhäufen.«

Hat Jakob damit gerechnet, dass so eine Situation eintreten könnte?

»Nein, vor dem Fall der Banken gar nicht. Nach dem Sturz

von Kaupthing habe ich zu meinem Bruder in Kanada gesagt, es würde mich nicht wundern, wenn in einem halben Jahr mein ganzes Geld weg wäre. Und so ist es ja auch gekommen. Aber ich will nicht klagen, persönlich geht es mir gar nicht so schlecht. Solange sie mir die Kreditkarten nicht ganz abnehmen ...«

Kann Jakob sich vorstellen, einen anderen Job anzunehmen?

»Wenn ich das täte, würde ich das hier, mein Architekturbüro, meine Verpflichtungen, einfach alles, aufgeben, und vielleicht ist es ja wirklich bald so weit. Aber eigentlich bin ich immer noch wie betäubt. Ich sitze hier und hoffe, dass etwas passiert. Was? Keine Ahnung. Da draußen herrscht immer noch Nebel, und wenn der sich lichtet, dann ist es vielleicht an der Zeit, solch drastische Entscheidungen zu treffen.«

»Dabei war ich immer Optimist. Bei mir war das Glas immer halb voll, ich habe immer die lichten Seiten des Lebens gesehen. Aber wenn ich der ernüchternden Realität in die Augen schaue, dann ist jetzt wahrscheinlich Schluss. Wir können machen, was wir wollen, wirklich bewegen können wir nichts. Die Politiker diskutieren, was mit dem Korn gemacht wird, wenn es fertig gemahlen ist, und dabei mahlt die Mühle gar nicht mehr. Die Regierenden scheinen das noch nicht mitbekommen zu haben.«

Am schlimmsten findet Jakob, dass ein ganzer Berufsstand in Island seinem Ende entgegengeht.

»Der Architektenverband hat schon Krisensitzungen abgehalten. Die einzige Möglichkeit, im Ausland Projekte an Land zu ziehen, besteht danach darin, dass sich alle selbständigen Architekten zusammentun. Einem Architekturbüro von zweihundert Leuten würde es vielleicht gelingen, im Ausland Fuß zu fassen. Alle Mann in ein Rettungsboot sozusagen. Ich sage euch, wenn nichts geschieht, wird kein einziges Architekturbüro in Island diesen Sommer überleben. Wenn man früher einen Umsatz von hundert Millionen im Jahr gehabt hat, und der bleibt dann einfach aus, das ist, als ob ein Lastwagen mit Vollgas gegen eine Wand fährt.«

»Wir waren zum Beispiel am Bau des Sportpalastes Egilshöll im Norden von Reykjavík beteiligt. Das Projekt wurde gestoppt. Die schulden uns noch immer zwölf Millionen Kronen. Wir sollten auch eine neue Sporthalle für Fram (einen großen Sportverein in Reykjavík) errichten. Den Vertrag über sechzig Millionen hatte ich bereits vorliegen, seit November warte ich Woche für Woche auf die Unterschrift. Jetzt können sie es nicht mehr finanzieren. Auch die Stadt Reykjavík kann ihren Beitrag nicht mehr leisten. Dazu kommt, dass alle so paranoid geworden sind und eine Riesenangst haben, Entscheidungen zu treffen. Alle ziehen sich in ihr Schneckenhaus zurück, kein Mensch traut sich, Entschlüsse zu fassen. Selbst da, wo es noch Geld gibt, tut sich nichts, alles ist festgefroren, keiner will es anrühren, und währenddessen geht uns die Puste aus. In Hafnarfjordur sollte ein Pflegeheim für siebzig Menschen gebaut werden, ein Auftrag, der uns fast über ein ganzes Jahr geholfen hätte, aber beim Staat kann man sich nicht entscheiden, ob man sich, wie üblich, daran beteiligen will oder kann, und deswegen passiert auch da nichts.«

»Sicher hätten wir es überlebt, wenn der Umsatz um zwanzig bis dreißig Prozent geschrumpft wäre. Natürlich kommen jetzt die Geier und sagen, bei dir ist ja gerade nicht viel los, warum zeichnest du nicht für uns ein Haus, und wenn es uns gefällt, zahlen wir dir was dafür. Selbst im öffentlichen Sektor denkt man so: Stell doch mal ein Team zusammen und mach Vorschläge, was mit all den leeren Häusern geschehen soll, aber bezahlen können wir dich erst mal nicht. Es gibt jede Menge Ideen, aber kein Geld. Wir sitzen hier schon fünf Monate und lassen uns was einfallen, aber so langsam geht uns die Kraft aus.«

»Ich weigere mich ja noch, etwas anderes zu machen. Aber wie lange ich das noch durchhalte, weiß ich nicht. Eines Tages geht man dann raus, schließt die Tür ab und macht doch was anderes. Ich finde schon was, was zu mir passt. Ich bin es ja gewohnt, große Aufgaben in Angriff zu nehmen. Ein Architekt ist jemand, der immer die Übersicht behalten muss, und das kann ja sehr nützlich sein. Sagen wir mal, ich würde in einer anderen Branche drei, vier, fünf Jahre Fuß fassen können. In der Zwischenzeit hat sich die Baubranche erholt, aber dann bin ich längst weg vom Fenster, meine Mitarbeiter sind werweiß-wo, die Computer und Programme veraltet. Das gilt für alle, das heißt, das isländische Architekturwesen müsste ganz von vorne anfangen. Das ist weder gesellschaftlich noch wirtschaftlich vernünftig.«

»Man will der Wirklichkeit eben nicht ins Auge schauen. Aber schon, dass ich mir jetzt alles von der Seele rede, ist ein guter Schritt. Den Selbständigen geht es ja noch schlechter als den Lohnempfängern. Am Ende kannst du kein Zeichenpapier mehr kaufen, und sie schalten dir den Strom ab, und dann ist automatisch Sense. Noch schieben die selbständigen Architekten das Ende vor sich her. Von dreihundert isländischen Architekten haben vielleicht noch hundert Arbeit. Die meisten davon werden bis zum Sommer Konkurs gehen, im Herbst gibt es auf Island kein Architekturwesen mehr. Aber wir in der Baubranche sind ja nicht die Einzigen. Auch die Immobilienmakler sind am Ende, die Werbeagenturen, die Autoverkäufer. Die selbständigen Baufirmen verkaufen ihre Maschinen, und damit drehen sie den eigenen Hahn zu. Es ist irgendwie unwirklich.«

»Manchmal stelle ich mir vor, wie es wäre, wenn ich mich seit Anfang der Krise jeden Morgen vor eine Videokamera gesetzt und erzählt hätte, wie es mir ging. In den Nachrichten wurde ja täglich irgendein neuer Horrorbericht verlesen. Alles ist ein Riesenschock und trotzdem keine reelle Zerstörung. Kein Feuer, kein Erdbeben, keine Naturkatastrophe. Kein Mensch ist krank, alle sind arbeitsfähig, und trotzdem sind alle wie gelähmt. Es ist eine Befindlichkeitskrise. Es ist wie vorm Fernseher. Wenn du auf stumm schaltest, ist alles in Ordnung. Finanzkrise: sind doch alles nur Zahlen auf dem Papier, alles nur im Kopf. Das Problem ist bloß: sich tot stellen geht auf Dauer auch nicht, denn das Mühlrad steht wirklich still. Hätte ich mich nur fünf Minuten jeden Morgen vor die Kamera gesetzt, stellt euch vor, was das für ein toller Film geworden wäre.«

Warum sollen wir zusammenhalten?

Maria Kristjansdottir, Kindergartenleiterin

»Es geht mir ja nicht ums Reichwerden,
aber meine Schulden will ich immer bezahlen können.«

Maria Kristjansdottir ist 54 Jahre alt, Leiterin eines Kindergartens und wohnt in Hafnarfjördur, einer kleinen Stadt in der Nähe von Reykjavík. Vielleicht hat sie sich Hafnarfjördur ausgesucht, weil hier noch etwas vom Milieu eines Fischerdorfes spürbar ist. Maria stammt von den Westfjorden; ihr Vater und ihr Großvater waren hart arbeitende Seeleute, und auf ihre Herkunft ist sie sehr stolz. Sie ist zum zweiten Mal verheiratet; sie und ihr Mann haben zusammen sechs Kinder und zwei Enkelkinder.

»Ich arbeite in einem Kindergarten, schon seit dreißig Jahren, und das macht mir viel Spaß. Vielleicht bin ich ein bisschen Idealistin, denn ich interessiere mich sehr viel mehr für Kindererziehung und Pädagogik als für finanzielle Sachen, obwohl ich gerne gut leben will und auch möchte, dass ich immer meine Schulden bezahlen kann. Wahrscheinlich bin ich einfach ein typischer Isländer.«

»Ich komme vom Land, und manchmal ist mir, als ob wir Isländer schon seit Jahren finanziell über den Tisch gezogen worden sind. Als ich noch in der Volksschule war, mussten wir immer samstags unser hart erworbenes Kleingeld mitbringen, um Sparmarken zu kaufen. Ich will ja nicht bitter klingen, aber ich finde doch, dass es absurd ist, wenn einem das Geld aus der Tasche gezogen wird, bevor man überhaupt ans Arbeiten denken kann. Als man uns im letzten Herbst so dramatisch ausgenommen hat, habe ich mich wieder an diese Sparmarken erinnert. Man musste sie in ein Buch kleben, und wenn man eine ganze Seite voll hatte, bekam man vom Schulleiter einen Scheck über zehn Kronen. Was sollte ich als Kind mit so einem Scheck anfangen?«

»Als Jugendliche habe ich sehr oft als Babysitterin gearbeitet. Jede einzelne Krone habe ich dann auf die Landsbanki gebracht und auf mein Sparkonto legen lassen. Wirklich jede Krone. Aber dann habe ich nicht aufgepasst, als man plötzlich zwei Nullen von der Krone strich (eine Währungsreform, die 1981 vorgenommen wurde), habe nicht rechtzeitig gewechselt, und seitdem sind meine Ersparnisse auf diesem Konto nichts mehr wert.«

»Oder nimm meinen Großvater, einen Gewerkschafter in Hnifsdalur an den Westfjorden. Er war gar nicht arm, 1880 geboren, hatte er es 1960 zu Elektrizität und Wassertoilette im Haus gebracht. Wie so viele folgte er der Aufforderung, die isländische Reederei Eimskip nach ihrer Gründung 1914 zu unterstützen, kaufte also für eine ansehnliche Summe Aktien, die ich dann geerbt habe, und was sind die jetzt wert? Genau eine Krone! Das konnte ich gerade meiner Steuererklärung entnehmen. Es geht mir ja nicht ums Reichwerden, aber meine Schulden will ich immer bezahlen können. Seit dem Kollaps der Banken ist mir das unmöglich. Zum ersten Mal in meinem Leben.«

Wir bitten Maria, uns zu erzählen, wie es dazu kam.

»Vor zehn Jahren habe ich mich nach fast fünfundzwanzig Jahren Ehe scheiden lassen. Was mir danach blieb, ermöglichte es mir, eine Wohnung von sage und schreibe siebenundfünfzig Quadratmetern zu kaufen. Da wohnte ich dann zuerst mit meinen Töchtern. Als ich meinen neuen Mann kennen lernte, besaß auch er eine kleine Wohnung, und wenn wir den Wert der beiden zusammenrechneten und die Schulden abzogen, betrug unser Nettobesitz ungefähr zehn Millionen Kronen. 2007 beschlossen wir dann, uns den Traum von einem kleinen Haus in Hafnarfjördur zu erfüllen. Wir hatten Glück, haben ein schönes kleines Haus von hundertzehn Quadratmetern für dreißig Millionen kaufen können. Ein Drittel konnten wir selber bezahlen, zwei Drittel bekamen wir von der Bank geliehen, mit einem so genannten Devisendarlehen (Kredit in gemischter ausländischer Währung, den die Banken häufig zum Immobilienkauf anboten). Und anfangs sah das ja alles sehr gut aus. Die Abzahlung betrug um die einhundertzwanzigtausend Kronen im Monat, und das bereitete uns keine Schwierigkeiten, wir konnten sogar etwas zurücklegen und unseren Kindern finanziell ein wenig unter die Arme greifen.«

»Mir war es immer wichtig, den Kredit punktgenau zu bedienen. Das hat mir auch mein Vater, der Fischerkapitän an den Westfjorden war, beigebracht. Nie Schulden anzuhäufen. Das war sozusagen meine Erziehung: man sollte ehrlich sein, immer zu seinem Wort stehen, immer seine Verpflichtungen erfüllen. Erst sein Geld verdienen und dann ausgeben. Abgesehen von der Hypothek wegen des Hauses habe ich alle Schulden vermieden; Kauf auf Raten, Kreditkarte und ähnliche Sachen, das alles wollte ich nie mitmachen. Bis zum Oktober 2008 hatten wir keinerlei finanzielle Probleme.«

»Aber dann kippte das Ganze auf einmal. Die Novemberzahlung sollte, nach dem Sturz der Banken, weder hunderttausend noch einhundertzwanzigtausend, sie sollte dreihundertvierzigtausend betragen. Die Banken waren pleitegegangen, die Krone war abgestürzt, unser Hypothekendarlehen belief sich nicht mehr auf zwanzig, sondern auf ungefähr fünfundvierzig Millionen. Viel mehr, als das Haus überhaupt wert ist. Die zehn Millionen Ersparnisse, die wir anfangs noch hatten, waren schnell weg. Es war ausgeschlossen, dass wir monatlich dreihundertvierzigtausend zahlen konnten. Da beschloss ich, einen Leserbrief im *Morgunbladid* zu veröffentlichen. Ich habe einfach ehrlich über meine finanzielle Situation berichtet und viele Reaktionen bekommen. Ich wurde im Radio interviewt und dann einen Tag lang in den Nachrichten immer als Beispiel dafür aufgeführt, was schieflief bei gewöhnlichen Leuten wie mir. Was eigentlich absurd war, denn mit mir hatte das Ganze ja wenig zu tun. Vor der Krise war mir ja so was noch nie passiert! Aber was mich noch viel mehr nervte, war dieses ewige Gerede der Politiker, jetzt müssten wir Isländer zusammenhalten und Solidarität zeigen. Deswegen habe ich mich entschlossen, noch einen Leserbrief zu schreiben, einen offenen Brief an die Regierenden sozusagen.«

AUS MARIAS LESERBRIEF ÜBER DEN ZUSAMMENHALT
Zusammenhalt ist für die meisten eine gute Sache. Und eigentlich ganz selbstverständlich. Ich sehe mich auch durchaus als einen positiven und optimistischen Menschen.
Bei Katastrophen halten wir Isländer zusammen. Das zeigte sich neulich bei den großen Erdbeben im Südland (Mai 2008), aber auch beim Tsunami in Asien (Weihnachten 2004). Bei Spendenaktionen, zum Beispiel in Fernsehsendungen, haben die Isländer immer freudig mitgemacht. Den gleichen Zusammenhalt merkt man auch bei epidemischen Krankheiten.
Zusammenhalt, wenn das Schicksal unerwartet, ohne menschliches Zutun, zuschlägt, ist etwas ganz Natürliches.

Aber was in der isländischen Wirtschaft im Herbst 2008 ge-
schah, der Kollaps des Bankenwesens, war weder eine Na-
turkatastrophe noch eine Epidemie.

Ich finde deshalb, dass die Politiker mich missbrauchen,
mein Gewissen, meinen Optimismus, meine Fähigkeit zu
verzeihen, wenn sie mich jetzt um Zusammenhalt bitten. So
weit sind wir noch nicht.

Dennoch fällt es mir schwer, mich dem Appell zu verwei-
gern. Ich habe ansatzweise ein schlechtes Gewissen, komme
mir negativ und pessimistisch vor, weil ich keine Lust habe,
Zusammenhalt zu zeigen. Die Regierenden, denen ich ver-
traut habe, verlangen mir etwas ab, wogegen sich alles in
mir sträubt.

Natürlich will ich meinen Beitrag leisten, damit mein Volk
aus den Ruinen auferstehen kann. Aber diese Ruinen sind
von Menschen geschaffen, sie sind nicht die Folge von Na-
turkatastrophen. Deswegen finde ich wie viele andere, wir
sollten erst nach den Verantwortlichen suchen, bevor wir
unseren Zusammenhalt unter Beweis stellen.

Bevor nicht irgendjemand sich verantwortlich erklärt hat und
mich um Entschuldigung bittet, bin ich nicht bereit, solida-
risch zu sein. Ich finde es ungerecht, wenn die Politiker an
mein Gewissen appellieren und sagen, wir sollten jetzt nicht
zurückblicken und nach Sündenböcken suchen, sondern nur
nach vorne schauen und uns zusammennehmen.

So machen wir es nicht! An was sollen wir uns denn halten?
Sollen wir mit denselben Politikern, denselben Bankdirekto-
ren, weitermachen? Ich bin immer bereit zu verzeihen, aber
nicht, wenn niemand bereut.

Die, die für den Kollaps verantwortlich sind, tragen auch die

Verantwortung für die Ruinen. Und sie sind es, die mit dem Aufräumen beginnen müssen. Wenn es so weit ist, werde ich als Erste verzeihen und beim Aufbau des neuen Islands Zusammenhalt zeigen.

Bis es so weit ist, dass jemand Reue zeigt, Verantwortung übernimmt, sich bei mir entschuldigt, will ich davon verschont werden, dass man an mein Gewissen, meinen Optimismus und meine Fähigkeit zu verzeihen appelliert, und mich bittet, »Zusammenhalt« zu zeigen.

Auch auf diesen Leserbrief hat Maria viele Reaktionen bekommen. Wir fragen sie, wie es denn weiterging mit dem Kredit.

»Die ersten drei Monate liefen einfach so dahin, Raten von dreihundertvierzigtausend im Monat, die wir nicht bezahlen konnten. In meiner Familie wäre so etwas früher unvorstellbar gewesen. Mein Vater riss immer dem Postboten die Rechnungen schon an der Tür aus der Hand, um mit ihnen in die Bank zu rennen, alles wurde immer sofort bezahlt. Mir war einfach übel. Dazu kam noch, dass mein Mann zur selben Zeit eine schwere Herzoperation über sich ergehen lassen musste und wochenlang im Krankenhaus lag.«

»Als er aus dem Krankenhaus kam, fädelte er ein Abkommen mit der Bank ein, sie haben den Kredit eingefroren, wie sie es nennen. Jetzt zahlen wir wie früher knapp einhundertzwanzigtausend im Monat, aber der Kredit beläuft sich auf neununddreißig Millionen, ist also fast doppelt so hoch wie am Anfang, und wir zahlen nur Zinsen. Ich weiß wirklich nicht, wie das Ganze enden soll. Stell dir vor, meine Enkelkinder, die können mein Häuschen nicht erben, weil die Hypothek viel zu hoch ist.«

Hat Maria an den Protesten teilgenommen?

»Ich habe die Leute, die mit ihren Töpfen und Pfannen auf den Austurvöllur gingen, bewundert. Natürlich mag ich keine Gewalt, das brauchen wir überhaupt nicht zu diskutieren. Aber all diese normalen Leute, Menschen wie du und ich, die auf die Straße gingen, das sind für mich Helden. Ich bin ein paar Mal zu den Samstagsdemonstrationen, und einmal habe ich auch das Lagerfeuer auf Austurvöllur erlebt, und ich war zu Tränen gerührt. Da war ich stolz auf mein Volk.«

Und an ihrem Arbeitsplatz, was hat sich hier verändert?

»Schon zu Weihnachten habe ich im Kindergarten bemerkt, dass die Kinder viel ruhiger waren als sonst. Vielleicht waren die Leute allgemein ruhiger, weil sie noch unter Schock standen, aber ich glaube, die Kinder haben einfach mehr Zeit mit ihren Eltern verbracht. In dem Sinne kam die Krise unseren Kindern zugute. Aber ich spüre auch die Auswirkungen der steigenden Arbeitslosigkeit. Drei Kinder haben den Kindergarten verlassen, weil ihre Familien entweder ins Ausland gingen oder aufs Land gezogen sind. Wir müssen auf unsere Jugendlichen aufpassen. Ich habe gehört, dass nach der Krise in Finnland vor zehn Jahren viele Depressionen bekommen hätten, dass danach psychische Krankheiten allgemein sehr zugenommen hätten. Da müssen wir aufpassen. Deswegen ist eine Entschuldigung von höchster Stelle auch so wichtig. Erst wenn die Schuldigen sich wirklich zu ihrer Verantwortung bekennen, können wir uns zusammen an den Aufbau machen.«

Und einmal waren wir fünftausend

Sigurdur Hardarson,
Krankenpfleger und Anarchist

»Die Revolution darf nicht im Suff ersticken.«

Sigurdur Hardarson, 42, Familienvater und ausgebildeter Krankenpfleger, ist überzeugter Anarchist. Während der
Kochtopfrevolution war der Herausgeber von Büchern, Zeit-
schriften und anarchistischen Pamphleten einer der eher pro-
minenten Köpfe des Protestes. Nichtsdestotrotz ist er als Krankenpfleger in der Notaufnahme des größten Krankenhauses im
Lande auch ein öffentlicher Angestellter. Gab es da nie Inter-
essenskonflikte?

»Dass ich an Demonstrationen teilgenommen habe, fing ja
nicht erst mit der Krise an, ich war immer gegen das kapitalis-
tische System. Es ging dabei ja nie um den freien Markt, sondern immer um die Monopolisierung von Geld und Macht.
Die Vermarktung aller Dinge ist aus meiner Sicht ein Angriff
auf die menschliche Gesellschaft. Arbeit sollte etwas Kreatives sein, nicht eine digitalisierte Produktion von Geld. Deswegen bin ich Krankenpfleger und Anarchist, weil es mir um die
menschliche Gesellschaft geht. Ich bin auch Krankenpfleger geworden, weil ich wusste, dass ich dann niemals arbeitslos werden würde und beruflich immer etwas Sinnvolles tun würde.«

»Ich war immer gegen Machtpyramiden oder Hierarchien,
sei es in der freien Marktwirtschaft oder im Staat, und ich
glaube, dass sie überdies wirtschaftlich ungesund sind. Wenn
diese Pyramiden zusammenstürzen, wie jetzt, werden die Menschen so hilflos, weil sie es gewohnt sind, dass jemand für sie
sorgt. Man sieht es ja auch an meinem Arbeitsplatz, mehr und

mehr Leute kommen hier mit Kleinigkeiten in die Notaufnahme und wollen ein Pflaster haben. Seit sieben Jahren bin ich hier und sehe, wie immer mehr junge Männer kommen, denen eigentlich gar nichts fehlt, weil sie es gewohnt sind, dass das System sich um sie kümmert.«

»Die Krise habe ich natürlich erwartet. Ist ja nur simple Physik, wenn sich etwas mehr und mehr ausdehnt, wird es mal platzen, ist überall so, eigentlich lustig. Also hat sie mich nicht überrascht, aber sie kam sehr plötzlich und hat die Menschen sehr direkt getroffen. Wirtschaftlich ist sie mir vollkommen egal, ich finde sie nur ungerecht, weil wir alle die Schulden von einigen wenigen begleichen sollen.«

»Für mich ist es eine Herausforderung, gegen diese Mächte zu kämpfen. Wir müssen die Gegenmacht formen und die Gesellschaft wieder aufbauen, das meinen jetzt viele, überall im Lande, eine wirkliche Gesellschaft aufbauen, und nicht eine, die von den Banken dirigiert wird. Hoffentlich haben die Leute aus der Krise gelernt. Aber kein Einzelner soll so tun, als hätte er die Lösung, ich bin nur Teil einer Bewegung, die aus vielen Köpfen besteht, und das Schöne an ihr ist ja, dass sie keine Anführer hat, keine Partei ist.«

»Unsere Demonstrationen und Proteste sind immer spontan; man bekommt vielleicht eine SMS oder eine E-Mail von jemandem, den man nicht kennt, und da steht, wir wollen gleich eine Regierungssitzung verhindern. Und dann gehe ich dahin, und manchmal sind zwanzig Leute da und manchmal zweihundert, und einmal waren wir fünftausend«, sagt Sigurdur lachend und behauptet, dass es in so einer kleinen Gesellschaft wie der isländischen relativ leicht sei, Einfluss zu nehmen.

»Als die Demonstrationen dann wirklich sehr groß und breit

wurden, habe ich mit meinen Freunden darüber geredet, dass wir aufpassen müssen, dass das Ganze nicht in ein Saufgelage an den Wochenenden ausartet. Wir haben deshalb haufenweise E-Mails verschickt, auch an die Presse, mit der Aufforderung, freitagabends nach acht Uhr nicht mehr zu demonstrieren. Die Revolution darf nicht im Suff ersticken. Und das hat auch geklappt. Ich war derjenige, der anfing, ich war der Schmetterling, der in Afrika mit den Flügeln schlug. Es verbreitete sich über die Internetmedien, und Freitag- und Samstagabend wurde nicht mehr demonstriert.«

»So habe ich meine politischen Aktivitäten immer gesehen. Man sät und sieht zu, wie die Saat aufgeht. Aus meiner Sicht ist es ein Kennzeichen politischer Armut, dass sich hierzulande alles nach den Parteien richtet; niemand kann sich zu Wort melden, ohne mit einer bestimmten Partei in Verbindung gebracht zu werden. Die Leute protestieren ja nicht nur wegen der Krise, sondern auch gegen die politische Armut. Die Links-Grünen sind längst keine Kommunisten, und die Unabhängigen sind auch keine echten Kapitalisten. Wenn ich konservativ eingestellt wäre, wäre ich genauso wütend, denn hier herrscht doch kein freier Markt, und die Gesetze der freien Marktwirtschaft wirken doch gar nicht.«

»Als Geir Haarde am 6. Oktober seine Rede hielt, war ich in der Notaufnahme und habe es übers Internet verfolgt, aber davor war es ja schon der Witz des Tages: Wann gehen wir heute in den Konkurs? Ich habe es schon erwartet, obwohl der Sturz sehr plötzlich kam, aber insgeheim habe ich mich auch gefreut. Nicht dass ich mich damit brüsten wollte: Ich habe es euch ja immer gesagt. Eher: Na gut, mal sehen, was morgen noch auf unserem Sparkonto steht. Es war es wert, sein Angespartes zu verlieren, um das System zusammenbrechen zu sehen. Nicht dass ich mich darüber freue, wenn Menschen ihre Arbeit verlieren. Aber dieser Aufschwung, diese Expansion, musste ja auch aus ökologischen Gründen ein Ende haben. Sonst wären wir an unserem eigenen Müll erstickt. Deswegen hat es mich ein kleines bisschen gefreut, das System zusammenstürzen zu sehen.«

»Ich habe es nicht als einen Sturz Islands oder der Gesellschaft wahrgenommen. Ich sah nur, wie dieses virtuelle System, das Bankenwesen, auf nichts gebaut, zusammenbrach. Das war gut und notwendig. Vor nur zwei Generationen waren alle Isländer Bauern oder Fischer. Ich komme selbst vom Lande, wo wir noch gegessen haben, was im Garten wuchs oder zu Hause geschlachtet wurde oder man im nächsten Fischerdorf besorgte. Deswegen habe ich mir keine Sorgen gemacht, dass wir jetzt hungern müssten, dann gehen wir einfach wieder fischen und schlachten zu Hause oder geben den Bauern billigen Strom für ihre Treibhäuser, damit wir auch etwas Gemüse bekommen. Wir haben hier alles. Die Banken sind nichts wert und waren es nie, und das wissen alle, die über fünfundzwanzig sind.«

»Mein Anarchismus richtet sich gegen die Obrigkeit. Als Jugendlicher war ich ja gegen Kriege und all das, und dann habe ich eine Zeitlang gedacht, wie so viele, das nützt alles nichts, dieser Idealismus, aber jetzt sehe ich es so: Je mehr Leute wie Anarchisten denken, desto besser wird die Gesellschaft. Es geht darum, dass jeder seine Verantwortung, seinen Teil der Macht, übernimmt, und dann wird unser Staat nicht mehr von diesen Machtpyramiden dominiert. Jetzt gebe ich Streitschriften heraus und habe eine kleine Bibliothek zusammengetragen, damit die Leute sich selber bilden können. Und grün bin ich auch, ich habe sogar ein Fahrrad.«

Wie wird seiner Ansicht nach die Zukunft Islands aus-
schauen?

»Auf der politischen Ebene haben wir jetzt eine Linksregie-
rung, und sie wird eine wachsende und starke Opposition von
der Rechten und der Wirtschaft zu spüren bekommen. Aber
ich glaube auch, dass es viele kleine Gruppen geben wird, die
ihre eigenen Wege gehen. Man wird wieder in Kommunen
wohnen und sich so weit wie möglich selbst versorgen. Viele
werden aufs Land ziehen, und das wird das Kleingewerbe stärken. Die Häuser in Reykjavík sind ja genauso wertlos geworden, wie die Häuser auf dem Lande es schon längst sind. Wir
werden eine Arbeitslosigkeit von fünfundzwanzig Prozent erleben, was natürlich sehr viel für so ein kleines Land ist, aber
die Menschen werden zusammenhalten, die Arbeitslosen werden nicht zu Außenseitern werden. Man wird wirtschaftliche
Basisgruppen formen, mit kleinen Booten fischen gehen anstatt mit Trawlern, eher Treibhäuser als Aluminiumfabriken
betreiben. Seit Jahren hat man uns immer die Großindustrie
als Lösung aller Probleme vorgegaukelt, aber wovon haben wir
die letzten tausend Jahre gelebt?«

Viele Isländer, wie zum Beispiel die Sozialdemokraten, sind
der Meinung, dass in der jetzigen Lage ein EU-Beitritt ein
wichtiger und richtiger Schritt sei. Nicht so Sigurdur.

»Das soll jetzt die Zauberlösung sein, dass wir in die EU gehen und uns dort den Hintern abwischen lassen, aber damit
begeben wir uns ja nur unter eine noch größere Machtpyra-
mide als in den letzten zwanzig Jahren. Die EU verrottet von
innen, und sie wird auseinanderbrechen, sobald der letzte europäische Staat seinen Eintritt erklärt. Es gibt Leute, die sagen, mir doch egal, ob ein Bürokrat in Brüssel die Fischerei-

117

quoten regelt oder ein Reeder auf Akureyri. Mag ja sein, aber beim Kerl in Akureyri kann ich solange auf meinen Kochtopf klopfen, bis er die Flucht ergreift, den Kerl in Brüssel erreiche ich nie.«

»Diese neue Taktik beim Demonstrieren, das Töpfeklopfen, ist doch herrlich. Ein riesiger Krach, ein unheimlicher Druck, aber trotzdem ganz legal. Legale Gewalt eigentlich, aber unschädlich. Bei mir ist zwar das rechte Handgelenk ziemlich angeschwollen, vor der Zentralbank musste ich wechseln und mit der Linken trommeln. Aber dieser barbarische Rhythmus, der bringt die Menschen zusammen.«

»Das ist das Schöne an uns Isländern, diese Spontanität und Schnelligkeit bei allem. Einmal hatte ich es satt und zog für zweieinhalb Jahre nach Holland, meine Frau ist Holländerin. Die Holländer sind sehr entspannt und diskutieren alles gründlich, bevor sie etwas machen, und alle hüten sich und sind demokratisch und nett zueinander – ich dachte, ich werde verrückt. Und mir wurde klar, gerade dieser isländische Schwachsinn macht unsere Gesellschaft so lebendig und schön. Die Isländer gründen ein Theater oder formen eine Band mit der gleichen übereilten Hast, mit der sie das neue Wasserkraftwerk bauen. Man sieht es sogar hier im Verkehr, plötzlich fällt einem ein, abzubiegen, und dann denkt er eben an den Blinker zuletzt. Eine ausländische Freundin sagte mir mal, es sei, als hätten wir immer den Vulkan unter den Füßen.«

»Lasst uns nicht vergessen, Island ist nur der Beginn der Krise. Sie ist international und wird sich ausbreiten und schlimmer werden. Was meinst du, was wir dann für einen Aktivismus erleben werden! Da kann die Welt noch viel lernen von uns Isländern.«

Unter Hausarrest

Rakel Sölvadottir, IT-Spezialistin

*»Ich schreibe lieber Briefe,
als auf Demonstrationen zu gehen.«*

Rakel Sölvadottir, 34, spricht klipp und klar über ihre Situation, mehr Mathematikerin als Philosophin, die vor der Krise kein besonderes Bedürfnis hatte, sich gesellschaftspolitisch hervorzutun. Sie arbeitet bei einer großen Firma, die Computerprogramme für das Finanzwesen entwickelt, und obwohl viele ihrer Kollegen inzwischen ihren Job verloren haben, fühlt Rakel sich in dieser Hinsicht relativ sicher. Für einen anderen Bereich gilt das nicht: Die junge Frau ist nämlich durch die isländische Bankenkrise gewissermaßen unverschuldet in Hausarrest geraten. Ihre Wohnung ist jetzt viel weniger wert als die Hypothek, die auf ihr lastet. Vor ein paar Jahren ließ sie sich von ihrem Mann scheiden und kaufte ihm damals seinen Teil der gemeinsamen Zwei-Zimmer-Wohnung in einer wohlhabenden Kleinstadt, Gardabaer, bei Reykjavík ab. Sie tat das, damit ihre Kinder, fünf und acht Jahre alt, weiter in der gleichen Umgebung aufwachsen könnten, nachdem sie von der Scheidung schon verunsichert genug waren. Deutsche Leser mögen bedenken, dass in Island die meisten Menschen traditionell ihre eigene Wohnung oder ihr eigenes Haus haben, auch wenn das Ganze auf Kredit finanziert ist.

Als Rakel damals zuschlug, konnte sie den späteren Zusammenbruch des Immobilienmarkts nicht vorhersehen. Jetzt, vier Jahre später, bräuchte sie eigentlich ein zweites Kinderzimmer, um ihre beiden Kinder voneinander zu trennen. Am besten müsste sie auch in eine größere Gemeinde umziehen, wo man ihrem hyperaktiven Sohn die Hilfe anbieten könnte, die er bräuchte.

»Ja, im Grunde hält mich das indexgebundene Darlehen (in Island sehr üblich) gefangen. Die Banken haben damals ihren Kunden Darlehen zum Immobilienkauf angeboten und einem bis zu neunzig Prozent des Kaufpreises geliehen. Ich habe das Angebot angenommen, um meinen Ex-Mann ausbezahlen zu können. Dazu kamen noch Reparaturen für zwei Millionen.«

»Ich bin niemand, der sich über ungelegte Eier den Kopf zerbricht. Natürlich macht man sich Gedanken, wenn in der Firma, in der man arbeitet, Kündigungen ausgesprochen werden. Aber bis jetzt ist alles gut gegangen. Mein Problem ist eher, dass ich wegen des Kredits in der Luft schwebe. Bisher kam ich mit den Raten gut zurecht, wie immer in meinem Leben, aber ich kann die Wohnung nicht verkaufen, jedenfalls nicht zu einem Preis, der in einem richtigen Verhältnis zu meinem Kredit steht. Und weil ich sozusagen noch solvent bin und abbezahlen kann, bietet man mir auch keine Lösung an. Ich könnte mich natürlich für zahlungsunfähig erklären und der Bank die Wohnung abtreten, aber dann würde ich sofort meinen Arbeitsplatz verlieren, da meine Firma denselben gesetzlichen Regelungen unterliegt wie die Banken, das heißt, sie darf keine Leute anstellen, die im Konkurs sind. Die neuen Gesetze (oder Maßnahmen, um Leuten zu helfen, die nach der Finanzkrise in Zahlungsschwierigkeiten geraten sind) nützen nur denen, die die größten Probleme haben. Die Mittelschicht muss immer zahlen!«

»Ich habe mir schon überlegt, ins Ausland zu ziehen, um mich weiterzubilden, denn dafür könnte man ein Staatsdarlehen bekommen, aber ich mache mir Sorgen um meinen Sohn.

Er geht einmal die Woche zur Sprachtherapie, und ich würde gerne sehen, dass er größere Fortschritte macht, bevor er mit noch einer Sprache konfrontiert wird, der Arme. Solange er noch nicht alle isländischen Laute beherrscht, ist das schwierig. Im Herbst muss er in die Schule, und diese Vorschulzeit jetzt ist für ihn unheimlich wichtig.«

Rakel wohnt in einer konservativen Kleinstadt, in der die Verwaltung ihrer Meinung nach die sozialen Bedürfnisse ihrer Einwohner vernachlässigt. Ihr Sohn ist hyperaktiv und kämpft mit Konzentrationsproblemen. Er müsste, so sagen die Psychologen, viel Unterstützung in seiner näheren Umgebung erhalten. Die bekommt er hier nicht, und deswegen möchte Rakel gerne in eine andere Gemeinde ziehen, wo man auf dem Gebiet schon weiter ist.

»Der Psychologe bei der Gemeinde hier schlug vor, dass meinem Sohn eine Hilfskraft zugeteilt würde, er macht sich wirklich Sorgen um ihn, aber dann hieß es seitens der Verwaltung, das könne man sich nicht leisten. Dabei ist es ja eine ausgesprochen wohlhabende Stadt, die gut in anderen Bereichen Einsparungen vornehmen könnte. Ich habe dem Bürgermeister gesagt, er könnte doch durchaus die Gemeindesteuer erhöhen (die Stadt liegt unter dem erlaubten Maximum), als gerade auf diesem Gebiet zu kürzen.«

Da Rakel aber aus besagten Gründen an ihre Wohnung gebunden ist, kann sie auch die Gemeinde nicht verlassen. Sie sitzt fest. Hat das zu einer Radikalisierung ihrer Ansichten geführt?

»Ich bin nicht der Typ, der auf die Straße geht und demonstriert. Aber ich habe einen ganzen Haufen Briefe an Politiker und andere Verantwortliche geschrieben. Man diskutierte dauernd nur die Probleme derjenigen, die ein Darlehen in ausländischer Währung hatten. Eigentlich sprach man nur über sie. Und vergaß dabei, dass es auch bei denen, die isländische Kredite zu bedienen hatten, zu Problemen kam, dass deren Schulden ebenfalls in die Höhe schnellten, dass auch sie in große Schwierigkeiten kamen. Ich habe unter anderem an Ingibjörg Solrun Gisladottir und Johanna Sigurdardottir geschrieben. Lange habe ich nichts gehört, bis ich schließlich dann doch unverbindliche Antworten bekam. Das ist eher meine Art. Ich schreibe lieber Briefe, als auf Demonstrationen zu gehen. Ich bin dann auch in die Sozialdemokratische Partei eingetreten. Mein ganzes Leben war ich immer konservativ eingestellt, aber die Zeiten haben sich geändert. Ich wurde also Mitglied und bin zu Parteisitzungen gegangen und habe mich auch in Komitees engagiert, in denen es um den Bereich Schule und Bildung ging. Das ist wichtig für meine Kinder, und ich will nicht, dass man diesen Bereich vernachlässigt wie in meiner Gemeinde, wo sie bei den Schulen kürzen. Zum Beispiel gibt es jetzt keine stellvertretenden Lehrer mehr; wenn der Lehrer krank ist, werden die Kinder einfach nach Hause geschickt. Warum sparen sie nicht lieber an den Kulturhäusern?«

»Mein politisches Engagement ist ganz und gar eine Reaktion auf die Zustände. Jemand muss Stellung beziehen. Ich wurde zur meiner Situation schon im *Morgunbladid* interviewt und bekam sehr verschiedene Reaktionen darauf. Einige sagten: ›Dir geht es im Grunde genommen doch gut.‹ Als ob man nur über die allerschlimmsten Fälle berichten dürfte. Natürlich sind die furchtbar. Aber den meisten in meiner Situation verbietet ja der Stolz, über ihre Situation zu reden. Man will nicht zugeben, dass man in der Klemme steckt. Die Leute tun so, als hätten sie noch immer den gleichen Lebensstandard, ›bei mir ist alles bestens‹, keiner darf wissen, wie es wirklich ist. Aber nach dem Zeitungsinterview kamen auch viele und raunten mir zu: ›Bei mir sieht es genauso aus.‹ Laut traute sich das allerdings keiner zu sagen, alle sprachen nur hinter vorgehaltener Hand, egal ob es Arbeitskollegen waren oder Leute, die ich gar nicht kannte.«

»Mein politischer Sinneswandel hängt mit der Familie zusammen. Früher war ich sogar Mitglied der Unabhängigkeitspartei, aber dann hatte ich die Nase voll. Selbstverständlich will ich gerne reich werden, aber ich will auch, dass Familien den sozialen Service bekommen, den sie brauchen. Momentan kann ich nicht viel anderes tun als abwarten. Ich schmiede einfach meine Pläne: Wenn das passiert, werde ich so reagieren, und so weiter. Es gibt ja jetzt Gesetzesvorschläge zur Situation von Familien (betreffend Maßnahmen zur Reduzierung der Schuldenlast), und ich will erst mal sehen, was das Parlament in dieser Richtung verabschiedet. Mit denen von der Bank will ich auch noch mal sprechen. Aber wenn es so übel kommt, dass ich meinen Job verliere, dann sind mir die Schulden scheißegal. Dann höre ich sofort auf zu zahlen und ziehe ins Ausland, entweder um dort meinen Beruf auszuüben oder um eine Ausbildung zu machen. Wäre ja nicht die erste.«

»Nur, wenn wir ins Ausland ziehen, müssen wir uns genau überlegen, wohin, meine Freundin und ich. Als lesbisches Paar sind wir nicht überall so gern gesehen wie hier.«

Am Fenster des Premierministers

Hallgrímur Helgason, Autor

.

»Mit den Mächtigen soll
man nie Mitleid haben.«

Hallgrímur Helgason, 50, ist einer der bekanntesten isländischen Schriftsteller und gleichzeitig ein anerkannter Bildender Künstler. Auf Deutsch sind von ihm drei große Romane erschienen: *101 Reykjavík*, die Laxness-Satire *Vom zweifelhaften Vergnügen, tot zu sein* und zuletzt der groteske Gesellschaftsroman *Rokland*. Wie hat er den 6. Oktober 2008 erlebt?

»Wir hatten ja das ganze Wochenende darauf gewartet, dass etwas passieren würde. Alle warteten darauf, was im Parlament entschieden würde. Wir warteten auf die entscheidenden Maßnahmen, und dann kam Geir Haarde am späten Sonntag endlich nach draußen und sagte, dass nichts unternommen werden müsste. Das hat ihm keiner abgenommen. Ich konnte in dieser Nacht nicht schlafen, ging auf und ab und habe dann auf Facebook ein Gedicht veröffentlicht, in dem es darum ging, dass ich auf einem großen Dampfer in der dritten Klasse bin, und wir steuern direkt auf einen Schiffbruch zu, aber die Mannschaft ist einfach sturzbetrunken. Am Montag hatte Geir dann seinen Fernsehauftritt und hielt diese Ansprache, die ich nicht kapieren konnte. Dabei habe ich ja die politische Entwicklung seit zehn Jahren recht gut verfolgt. Ich verstehe vielleicht nicht viel von Wirtschaft, aber ich versuche wenigstens, mich auf dem Laufenden zu halten, aber diese Rede habe ich gar nicht verstanden. Nur zum Schluss, als er sein berühmtes *Gott segne Island* sagte, wusste ich, dass etwas Dramatisches bevorstand. Danach ließ man Thorgerdur Katrin Gunnarsdottir (damals Kultusministerin und Vizevorsitzende der Unabhängigkeitspartei) seine Rede quasi übersetzen, und dann wusste man, er sprach von Notstandsgesetzen.«

»Mit der Öffentlichkeitsarbeit hatte es Geir Haarde ja nie so recht, und deswegen war er eigentlich ein schlechter Premierminister – er konnte mit den Leuten nicht reden. Ein Premierminister muss ja nicht nur seine Arbeit verrichten, er braucht auch Charisma und die Fähigkeit, den Menschen seine Gedanken zu vermitteln, aber das konnte er überhaupt nicht. Er wirkte wie gelähmt.«

Wie hat Hallgrimur die Jahre des Aufschwungs erlebt? Es war ja eine Zeit, in der er seinen Ruf als Autor bei der Bevölkerung sehr gefestigt hat.

»Eigentlich war man einer Art von psychischer Gewalt ausgesetzt. Ich fühlte mich immer, als ob ich einfach der Letzte wäre, weil ich nichts von Geld verstand, und dabei war ich doch zum anerkannten Autor geworden. Ich habe keine Aktien und keine Wertpapiere und hatte von diesen Dingen wirklich keine Ahnung. Ich kapierte nicht, wie die isländischen Geschäftsleute das *Magasin du Nord* in Kopenhagen kaufen konnten, obwohl ich sie insgeheim dafür bewunderte. Dabei tat ich wirklich mein Bestes, um auf dem Laufenden zu bleiben. Du weißt schon: Eigenkapital und EBITA, Subprime-Kredit und wie das alles heißt. Wer die Nachrichten im neuen Jahrhundert verfolgt hat, hat sich ja ein sieben Jahre langes Wirtschaftsstudium eingehandelt, wenn man so will. Verstanden hat es keiner, mitgemacht haben irgendwie alle.«

»Ich weiß noch, wie ich vor ein paar Jahren die Haupteinkaufsstraße von Kopenhagen entlangging und ein paar Isländer getroffen habe, die stolz meinten: Jetzt gehen wir in ›unsere‹ Geschäfte. Die Wirtschaftswikinger gaben uns ein neues Gefühl, und dieses Gefühl haben wir voll ausgekostet; endlich waren wir wer. Als ob wir die elende Geschichte Islands endlich hinter uns gelassen, die Vergangenheit endlich vertrieben hätten. Das isländische Trauma – vorbei und vergessen. Schluss mit Vulkanausbrüchen und Hungersnöten und Pestepidemien. Und dann dieser Schock, und wir alle stürzen wieder ab ins alte Island, wir befinden uns wieder mitten in den Büchern von Halldór Laxness, in der *Islandglocke*: alles, was er darin über Unabhängigkeit und Freiheitskampf geschrieben hat, ist wieder wahr, und wir hatten gedacht, wir seien das alles los. Das macht einen wirklich depressiv.«

»Man sah ja diese neureichen Jungs; einer von ihnen war mit mir verwandt, und ich bin mit ins neue Haus, als er es der Familie zeigte, und es war, als ob man in eine Raumstation käme. Man strich mit der Hand die Wand entlang, und sofort gingen die Lichter an, und sein Range Rover sah immer aus, als hätte ihn noch nie ein Mensch gefahren. Es war, als lebten diese Leute auf einem anderen Planeten. Man las über ihre Privatjets und ging dann ins Geschäft, um Leberkäse zu kaufen. Dabei dachte ich: Solche Leute müssen sicher nie Leberkäse kaufen. Dazu sind sie zu weit weg von der Wirklichkeit. Und gleichzeitig habe ich mich dafür geschämt, dauernd Leberkäse kaufen zu müssen, während sie in ihren Privatjets am Champagner nippten.«

»Aber klammheimlich hat man sich auch gefreut. Wir ließen die alte Gesellschaft hinter uns, da kamen neue Menschen mit Geld und neuer Freiheit. Plötzlich gab es zum Beispiel eine Zeitung, die noch verbreiteter war als *Morgunbladid*. Diese

Neureichen kamen mir vor wie Napoleon, der uns von dem alten König befreit, aber dann erweist sich Napoleon als noch schlimmer als der frühere König.«

»Es musste ja ein Ende haben. Aber das sagt man im Nachhinein, ich sah das Ende nicht kommen. Ich erinnere mich an das Gefühl, dass Geld keine Rolle spielte. Man ging einfach in ein Einkaufszentrum, um sich zum Beispiel ein Tivoli-Radio zu kaufen, und es machte nichts. Man tat, als ob man jede Menge Geld hätte, als würde es nie ausgehen. Jetzt sieht alles wieder ganz anders aus. Man wird zu Freunden nach Hause eingeladen, und die haben vielleicht beim Bäcker einen schönen Kuchen gekauft und man denkt, wow, plötzlich ist das alles wieder etwas wert, und man hat wieder Respekt vor Geld, was einem eigentlich abhanden gekommen war. Viele sagten schon lange, bald müssen wir landen, aber es klang irgendwie, als säßen wir *im* Flugzeug und es ginge nur darum, ob die Landung hart oder weich ausfallen würde. Als Lehmann Brothers in Konkurs ging, habe ich darüber nur gelacht, so was konnte doch bei uns nicht passieren!«

Hallgrimur war wegen seines Engagements vor und während der Kochtopfrevolution viel in den Nachrichten. Wie kam es dazu?

»In den ersten zwei Wochen standen wir alle unter Schock, waren innerlich gelähmt, hatten vielleicht sogar ein schlechtes Gewissen, weil wir alle auf unsere eigene begrenzte Art und Weise teilgenommen, die Businesswikinger bewundert hatten. Wir wussten nicht richtig, an wen wir uns wenden sollten. Meine Leute (die Sozialdemokraten) waren ja an der Regierung, sollten wir gegen die Regierung protestieren? Langsam richtete sich der Fokus auf David Oddsson, der die

Übernahme von Glitnir orchestriert hatte. Es gibt dieses Foto aus der Nacht der Glitnir-Übernahme, mit David Oddsson am Steuer seines Autos, der Premierminister auf dem Beifahrersitz und der Finanzminister auf dem Rücksitz. Das war mir sehr zuwider, der Mann hätte da schon längst seinen Rücktritt erklärt haben müssen. Aber er zog seine Show weiter ab, und unser Handelsminister war nicht einmal dabei – er war auf dem Land bei der Kartoffelernte.«

»Es dauerte einige Zeit, bis mein Zorn eine Richtung fand. Auf den ersten Demos habe ich keine Slogans wie ›Inkompetente Regierung‹ gerufen, ich konnte das nicht, da waren ja meine Leute mit dabei, und ich kannte sie. Neuwahlen waren meine Devise. Wir alle wollten der Regierung Zeit für Rettungsversuche geben. Im Dezember, als nichts passiert und kein Mensch zurückgetreten war, war ich ziemlich frustriert, und die Samstagsdemonstrationen auf Austurvöllur reichten mir nicht mehr aus. Ich wollte einen Artikel schreiben, der sollte *Stuhl vor die Tür* heißen. Ich wollte einen Stuhl nehmen und mich vor das Haus des Premierministeriums setzen. Meine Vision war, dass daraufhin immer mehr Leute kämen mit ihren Stühlen, und am Ende wären Tausende da, und so würde ein Riesendruck entstehen. Aber es war kalt, und bald war Weihnachten, und ich dachte, vielleicht bin ich der Einzige, der kommt. Also wollte ich erst mal abwarten. Und über Weihnachten wollte ich sowieso meine Schwester besuchen, die in Afrika in der Entwicklungshilfe arbeitet. Danach wollte ich loslegen.«

»Als ich aus Afrika zurückkam, war den Leuten der Kragen geplatzt. Dennoch hat es mich überrascht, wie viele Leute jetzt auf einmal auf Austurvöllur standen, als das Parlament wieder zusammentreten sollte; immer mehr gesellten sich dazu, in der Nacht wurde dann der Weihnachtsbaum angezündet, und es gab diese Krawalle und letztlich kein Weg mehr zurück.«

»Drei Monate lang hatte die Regierung die Forderungen der Bevölkerung einfach ignoriert. Ingibjörg Solrun Gisladottirs Krankheit spielte natürlich auch eine Rolle. Erst haben wir sie geschont, und dann hat sie uns ja auch Versprechen gemacht. Oddny (Sturludottir, Hallgrímurs Exfrau und Stadträtin in Reykjavík für die Sozialdemokraten) war beispielsweise im Dezember bei ihr zu Hause, es war ein Treffen mit frustrierten jungen Frauen in der Partei, die diese Regierungsbeteiligung nicht mehr mittragen konnten, und dann sagte Ingibjörg Solrun, David sei noch vor Ende der Woche weg. Aber nichts geschah, und auch Neujahr verstrich ergebnislos. Später, als ein allgemeines Desaster drohte, hat Ingibjörg Solrun dann auf brillante Weise den Regierungswechsel zuwege gebracht und sich danach aus der Politik zurückgezogen, das muss man ihr lassen.«

Hatte die Krise Auswirkungen auf sein Privatleben?

»Ich hatte ja das ›Glück‹, dass meine Frau und ich am 16. Januar, dem Tag, als ich aus Afrika zurückkehrte, beschlossen, uns zu trennen! Wir waren drei Wochen voneinander getrennt gewesen und wussten danach, jetzt ist Schluss. Schon möglich, dass unsere Trennung etwas mit den herrschenden Zuständen zu tun hatte, vielleicht wurde sie dadurch beschleunigt. Meine Frau ist mir in die Welt der Politik entschwunden. Das ist eine harte Welt. Nicht vielen Ehepaaren gelingt es, zwei Karrieren zu verbinden. Wenn ich zum Beispiel den ganzen Tag in meinem Atelier verbracht hatte beim Schreiben und Malen, mutterseelenallein, hatte sie währenddessen auf diversen Sitzungen vielleicht dreihundert Menschen getroffen.

Wenn wir beide dann nach Hause kamen, hatten wir sehr unterschiedliche Bedürfnisse. Sie wollte ihre Ruhe haben, ich wollte so viel Trubel wie möglich um mich haben. Dazu kam noch der Altersunterschied von siebzehn Jahren, die sie jünger ist.«

»Wir beschlossen uns also zu trennen, und vier Tage später fing die Kochtopfrevolution an, und ich war heilfroh darüber. An Arbeit war in meinem Zustand sowieso nicht zu denken, und dann ist es ja herrlich, eine ganze Woche auf alles Mögliche klopfen zu können, um Krach zu machen, und es wimmelte ja auch nur so von schönen Mädchen auf den Demonstrationen. Es war so eine Art vorrevolutionäre Situation, Lagerfeuer loderten, und die Menschen tanzten auf der Straße und sangen und schrien sich heiser. Vielleicht war der Höhepunkt erreicht, als wir vor dem Parlament standen, und jemand rief, das Parlament sei menschenleer, und wir liefen dann alle zum Sitz des Premierministers. Dort angekommen, sahen wir Geir im Auto sitzen, neben seinem Chauffeur, und es war weder Polizei da noch Leibwächter. Ich habe mich gebückt und mit flacher Hand ans Fenster geschlagen; ich dachte, ich lächle, wahrscheinlich habe ich grimmig ausgesehen. Sekunden später kam ein wütender Leibwächter und hat alle weggescheucht. Das Auto stand sicher zwei Minuten eingekeilt in der Menschenmenge und wurde auch mit Eiern beworfen; es war eine Art von Befriedigung für die Demonstranten. Kein Mensch wollte dem Premierminister etwas antun, aber er sollte die Wut zu spüren bekommen. Im Grunde waren die Demonstranten nie richtig in die Nähe der Macht gekommen, es stand ja immer nur die Polizei vor dem Parlamentsgebäude. Die man ansonsten nur bewundern kann, denn sie hat immer Ruhe bewahrt. Zu verdanken war das wohl vor allem ihrem zurückhaltenden Polizeichef, Stefan Eiriksson. Ein sehr guter Mann, den ich auf Hrisey kennen gelernt habe, wo wir beide Sommerhäuser haben. Hut ab vor der Polizei.«

Hallgrímurs Klopfen am Auto des Premierministers schaffte es sofort in die Schlagzeilen der isländischen Internetmedien. Hat er seinen Auftritt bereut?

»Eigentlich sofort danach. Ich hatte Angst, das Fernsehen hätte das Ganze mitbekommen. Ein Fotograf hat es dann doch geknipst, und natürlich fand ich das Foto nicht schön, denn ich hatte ja die Kontrolle verloren. Aber alles in allem geht es in Ordnung, denn das Geschehnis war symptomatisch für einen Zustand, der sich vier Monate lang zugespitzt hatte.«

»Ich kannte Geir ja persönlich, er hatte zum Beispiel *Vom zweifelhaften Vergnügen, tot zu sein* gelesen, und er schien mir immer eher ein gutmütiger Mensch zu sein. Aber dort war er in seiner Funktion als Premierminister, das war nichts Persönliches, und mit den Mächtigen sollte man nie Mitleid haben. Ich kann den Premierminister nicht bemitleiden, weil sein Auto mit Eiern beworfen wird oder jemand gegen die Fensterscheibe klopft. Ich selber wurde komischerweise ein bisschen wie Böddi, die Hauptperson meines Romans *Rokland*. Auch er will ja am Schluss mit dem Premierminister abrechnen. Ich sah sogar ein bisschen aus wie er, im Mantel und mit Stiefeln, und so kam ich am Abend in eine Fernsehsendung, ohne Make-up, so wie er auch im Buch, und das war schon ein bisschen erschreckend.«

»Bei mir persönlich brach dann alles zusammen. Erst die Trennung von meiner Frau, und dann gab mein Auto auf, und schließlich empörte man sich im Internet darüber, dass ich ein

Staatsstipendium bekommen hatte. Zwei Tage später hielt ich meine eigene Privatdemonstration vor dem Haus der Unabhängigkeitspartei ab, als dort die Parteiführung tagte. Am Anfang stand ich ganz alleine, am Ende waren wir um die zwanzig Leute. Es war eigentlich ganz lustig, weil wir so nahe dran waren, ich klopfte ihnen fast ins Gesicht, um ihren Rücktritt zu verlangen, und sie haben mir dann auch geantwortet. Bjorn Bjarnason (Justizminister) sagte zum Beispiel, geh doch einfach nach Hause, um zu schreiben. Aber dann kam jemand ins Freie und meinte zu mir, Geir Haarde habe gerade erklärt, er würde demnächst zurücktreten, denn man habe bei ihm Krebs festgestellt, und daraufhin hörten wir sofort auf mit dem Ganzen. Ich glaube, alle Beteiligten haben von diesen Demonstrationen gelernt, sowohl die Protestler wie auch die Polizei.«

»Als die Regierung dann zurücktrat, haben wir das als einen Riesensieg empfunden und auf Austurvöllur getanzt. Die Meldung kam erst am Samstag und erwies sich schnell als Falschmeldung, und als sie dann tags darauf bestätigt wurde, hatten wir schon gefeiert. Die Proteste hatten keine Anführer und verliefen vollkommen spontan. Das ging über SMS und Facebook und so weiter.«

»Aber vielleicht sind wir, die protestiert haben, nicht unbedingt die Richtigen, um ein neues Island aufzubauen. Es waren zum Beispiel viele Künstler dabei, die gut kritisieren können, möglicherweise aber keine wirklich konstruktiven Vorschläge haben. Es hat mich überrascht, wie gut das Gefühl war, die Regierung endlich loszusein. Ich war überglücklich, als Johanna Sigurdardottir Premierministerin wurde. Und auch die Links-Grünen sind durch die Regierungsbeteiligung um viele Jahre gereift. Jahrelang war ich unter den Autoren ziemlich alleine mit meinem Engagement, aber nach dem Kollaps meldeten sich immer mehr zu Wort, und das fand ich schön.«

»Keine Ahnung, was die Zukunft bringt, aber ich bin froh, dass wir gelandet sind, dass wir wieder festen Boden unter den Füßen haben. Jetzt ist Schluss mit all diesem Quatsch, jetzt wollen alle wieder Leberkäse und Lammfleisch und Wollstrümpfe und gute Bücher lesen, die alten isländischen Werte eben. Ich hoffe nur, dass die neue Situation keine Dämonen wie Nationalismus und das Verlangen nach starken Führern mit sich bringt.«

Tränengas und Steinwürfe

Marino Emilsson, Polizist

»Am Ende kam ich sehr glimpflich
mit einer Gehirnerschütterung davon.«

Marino Emilsson ist ein groß gewachsener junger Mann, der ruhig und überlegt von seiner Arbeit erzählt. Nach einer Ausbildung als Mechaniker hat er schließlich 2006 noch die Polizeifachschule absolviert und ist momentan als Streifenpolizist eingesetzt.

»Wir betreiben keine Nachforschungen wie die Kriminalpolizei, sondern gehen auf Streife, sammeln Informationen vor Ort und mischen uns nur in Dinge ein, die wir unmittelbar regeln können.«

Wie die meisten Polizisten wurde auch Marino bei den Demonstrationen der letzten Monate eingesetzt. Bei solchen Einsätzen tragen sie Helme und Schilde, eine für isländische Verhältnisse sehr ungewöhnliche Ausrüstung.

»Ja, wir haben in letzter Zeit öfter so auftreten müssen, und ein paar Mal haben wir auch Pfefferspray anwenden müssen, aber glücklicherweise nicht sehr oft.«

In einem Land mit so wenigen Einwohnern wie Island klingt es vielleicht etwas ironisch, wenn die Polizei darauf trainiert wird, wie man Menschenmassen kontrolliert.

»Ja, wir haben das in der Fachhochschule gelernt. Es gibt auch eine besondere Einsatztruppe, die für solche Situationen vorbereitet ist. Dabei geht es vor allem darum, immer genau den Befehlen eines Vorgesetzten zu folgen. Wenn man alleine oder zu zweit auf den Straßen patrouilliert, ist man natürlich eher sein eigener Herr.«

Marino ist sich bewusst, dass das, was er sagt, immer als Meinung der Behörde als Ganzes verstanden werden kann, und entsprechend vorsichtig äußert er sich auch. Hat dieses Training, von dem er spricht, nicht etwas ausgesprochen Militärisches, etwas, womit die Isländer ja bekanntlich wenig Erfahrung haben?

»Das stimmt schon. Es hat etwas sehr Unnatürliches, so mit Helm, Knüppel und Schild ausgerüstet vor gewöhnlichen Menschen stehen zu müssen. Bisher hatten wir es bei solchen Einsätzen meistens mit Leuten zu tun, denen es sehr schlecht geht, mit Junkies oder psychisch Gestörten. Das sind dann Menschen, die manchmal voller Wut und mit Keulen oder Messern oder sogar Schusswaffen auf uns losgehen. Aber normalerweise ist es halt nur ein Einzelner, und es ist unsere Entscheidung, zu welchen Mitteln wir greifen. Aber nun stehst du plötzlich vor Tausenden von Menschen, die wütend sind. Zwei Tage und Nächte waren wir mit mehreren tausend zornigen Menschen konfrontiert. Das war wirklich hart. Man ist immer auf das Schlimmste vorbereitet, und der Adrenalinspiegel ist am Anschlag.«

In den zwei schlimmsten Krawallnächten wurde die Polizei mit allerhand Müll und sogar mit Steinen beworfen, und Marino wurde von einem großen Stein getroffen.

»Ja, der flog plötzlich auf mich zu in der Nacht, in der wir zu Tränengas griffen. Das taten wir erst, als wir uns in einer für uns lebensgefährlichen Situation wähnten. In dieser Nacht (21./22. Januar) hatte sich der Charakter der Demonstrationen tiefgreifend verändert. Da waren viele Betrunkene und Leute, die wir aus dem Rauschgiftmilieu kennen, dabei. Gewaltbereite, die sich unter die Leute mischten. Es fällt mir schwer, die richtigen Worte dafür zu finden. Vielleicht ist es wie in einem Vakuum, das die Leute aufsaugt; plötzlich nehmen sie wie ferngesteuert an ihnen eigentlich fremden Aktionen teil, fangen an, mit Steinen zu werfen und was weiß ich. Viele haben sich sogar hinterher bei uns entschuldigt, konnten gar nicht mehr verstehen, wieso sie überhaupt mitgemacht hatten.«

»In dieser Nacht bekamen wir den Befehl, Tränengas einzusetzen. Wir befanden uns tatsächlich in Lebensgefahr. Man bewarf uns unaufhörlich mit Steinen, Flaschen, Tüten mit Pisse und ähnlichem Zeug, und in der Menge konnten wir Messer und Schlagstöcke sehen – die Situation war wirklich extrem. An Verhaftungen haben wir nicht gedacht; wir versuchten nur, eine feste Reihe zu bilden, und setzten die Gasmasken auf, und da wurde manchen Demonstranten klar, was gleich passieren würde, und sie haben sich aus dem Staub gemacht. Tränengas ist außerordentlich unangenehm, eigentlich das Schlimmste, was ich im Training durchgemacht habe, viel schlimmer noch als Pfefferspray. Wer Tränengas in die Augen bekommt, wird wahrscheinlich nicht zu Gewalt greifen, er wirft sich eher heulend auf den Boden. Erst haben wir die Leute gewarnt, aber das hat nichts genutzt, wir wurden trotzdem weiter mit Steinen und Abfall beworfen. Wie gesagt, vereinzelt in der Menge sahen wir ja Leute stehen, die wir kannten, zum Beispiel Menschen, die eigentlich in Institutionen gehören, weil sie ernsthaft an Geisteskrankheiten leiden. Es war schwer zu verstehen, warum die überhaupt hier waren, aber hier konnten sie sich eben richtig gehen lassen. Die haben uns wie im Rausch beworfen. Wir wussten ja, dass einige von ihnen schwer krank sind, aber leider konnten wir sie nicht aus der Menge herausholen.«

»Dann haben wir Tränengas geworfen, und zum ersten Mal seit achtundvierzig Stunden kehrte für einige Minuten Ruhe ein... der ganze Krach hörte auf... für einen Augenblick herrschte Frieden. Man spürte, wie der Druck nachließ, und hoffte, jetzt sei es überstanden. Dann bekamen wir den Befehl, uns an anderer Stelle zusammenzuziehen, und da strömten dann viele Leute hin, nur um uns mit Steinen zu bewerfen, und da ist es dann passiert, dass ich den Stein abbekommen habe: einen ziemlich großen Pflasterstein, dreieinhalb Kilo schwer.«

»Ich habe ihn nicht kommen sehen, sondern nach rechts geschaut, Richtung Austurvöllur, als mich der Stein von links in den Nacken traf – das heißt, den Helm, denn der Helm hat mich gerettet. Ich war zuerst ein bisschen desorientiert, aber man ist in so einer Situation ja dermaßen vollgepumpt mit Adrenalin, dass man zunächst gar nicht richtig begreift, was passiert ist. Ich wollte also einfach weitermachen. Aber dann ist einer meiner Vorgesetzten gekommen und hat gefragt, ob mit mir alles in Ordnung sei. Und ich sage, vollkommen absurd, mir geht es gut, aber er sieht mir ja an, dass das nicht stimmt. Er hat mich dann rein ins Parlamentsgebäude gebracht, wo sich einer unserer Sanitäter um mich gekümmert hat. Ich hätte gewirkt, als sei ich sturzbetrunken, hat er später gesagt.«

»Im Gebäude selber befanden sich Feuerwehrleute, sowohl um der Polizei zu helfen als auch wegen der Brandgefahr, denn die Demonstranten hatten ja draußen Lagerfeuer angezündet. Wir haben gute Verbindungen zur Feuerwehr, arbeiten viel mit denen zusammen, ich kenne diese Jungs alle. Es war ein bisschen schwer für mich, ihre Hilfe in Anspruch zu nehmen, aber glücklicherweise hatte ich da schon nichts mehr zu sagen, ich war mehr oder weniger ohnmächtig. Ich weiß noch, dass der Sanitäter mit mir im Krankenwagen war, den hatte es selber an der Schulter erwischt; er hatte keine Schutzkleidung angehabt und blutete. Es war wie im Krieg, die Sanitäter mussten Gasmasken aufsetzen, um mich in den Krankenwagen zu bugsieren.«

»In der Notaufnahme im Krankenhaus kannten mich dann alle, da muss die Polizei ja oft aushelfen und eingreifen, wenn es zu gewalttätigen Übergriffen oder ähnlichen Problemen kommt. Meine Frau hat früher auch mal dort gearbeitet, also wussten alle, wer ich bin. Es ist einem schrecklich peinlich, so hilflos zu sein und den Beistand dieser Leute in Anspruch nehmen zu müssen – man kennt sie ja und hat bei anderer Gelegenheit auf sie aufgepasst. Irgendwie fühlt es sich so an, als hätte man in seinem Job versagt, das ist schwer zu erklären. Jetzt lag ich also da mit Halskrause und fiel immer wieder in Ohnmacht. Manchmal kam es mir so vor, als seien mir die Demonstranten gefolgt und brüllten weiter draußen vor der Tür, und ich dachte, jetzt werfen sie gleich hier in der Notaufnahme die Fensterscheiben ein, aber als ich sah, wie ruhig alle ihrer Arbeit nachgingen, wusste ich, dass ich mir das Ganze nur einbildete. Aber es ging mir nicht gut, wie ich da so hilflos auf der Liege lag; ich weiß noch, dass draußen auf dem Gang dauernd ein Betrunkener auf und ab ging, und ich mich bedroht fühlte, denn ich hatte ja schon oft Betrunkene verhaften müssen, aber das war alles mehr oder weniger Einbildung.«

»Am Ende kam ich sehr glimpflich mit einer Gehirnerschütterung davon. Sehr glimpflich, sagen die Ärzte. Ich habe hinterher eine Behandlung für Hals und Rücken gemacht, das tat gut, und sei es nur, um ein bisschen entspannen zu können. Wir wissen nicht, wer den Stein geworfen hat, wir versuchen uns Fotos aus dieser Nacht zu besorgen, es gibt ja da am Parlament Überwachungskameras, das gehen wir jetzt alles durch. Ansonsten ist uns hier im Hause ganz egal, wer gegen was demonstriert, so lange es friedlich zugeht.«

Ist Marino wütend auf den Steinewerfer?

»Tja, ich weiß nicht, ob ich wütend bin oder einfach nur erstaunt. Überrascht darüber, dass sich Leute so was einfallen lassen, denn die Steinwürfe waren ja ausschließlich dazu gut, uns zu verletzen. Erst warfen sie die Steine immer auf unsere Schilde, aber dann sahen sie, dass uns das nichts ausmachte, und dann fingen sie an, auf die Beine zu zielen oder die Steine hoch in die Luft über uns zu werfen, damit sie uns auf den Kopf treffen. Ich war schon am frühen Abend mehrere Male von Steinen an den Beinen und am Helm getroffen worden. Vier Steine hat der Helm, glaube ich, abbekommen, und auch ein Bierglas hat man auf ihm zerbrochen. Als wir da in einer Reihe vor dem Parlament standen, wurden die Männer neben mir mit einer Flüssigkeit beworfen, und wir fürchteten zunächst, das ist was Brennbares, aber als wir daran rochen, war es glücklicherweise, wenn ich so sagen darf, nur Urin. Benzin oder Säure macht uns in so einer Situation viel mehr Sorgen.«

»Bei diesen Protesten eingesetzt zu werden ist eine schwierige Aufgabe. Wir müssen Befehle befolgen und manchmal mit Schlagstöcken oder Pfefferspray oder Tränengas den Platz räumen, und zwar nur, weil vielleicht zwei oder drei Unruhestifter allen anderen die Demonstration vermiesen. Wir leben hier in

Island natürlich in einer überschaubaren Gemeinschaft. Während der Unruhen habe ich oft Leute gesehen, die ich kannte, aber solange alles friedlich ist, geht mich das nichts an.«

Wie hat Marino selber auf die gesellschaftlichen Zustände reagiert? Hätte er nicht manchmal selber gerne gegen die politische Entwicklung protestieren wollen?

»Natürlich gab es da vieles, womit ich nicht einverstanden war. Andererseits habe ich ja an diesem Riesenaufschwung nicht teilgenommen. Ich habe noch keinen Flachbildschirm, besitze nur ein altes Auto, und wir wohnen zur Miete, weil meine Frau an der Uni studiert und wir auch ein Kind haben, das wir nicht mit irgendwelchen Luxuswaren verwöhnen wollen. Ich war also kein Nutznießer dieser glorreichen Wohlstandsjahre, und deswegen hat es mich auch nicht besonders hart getroffen. Ich merke natürlich die Inflation, und ich verspüre wenig Lust, die Schulden irgendwelcher Bankwikinger zu zahlen. Was ich wollte, waren Neuwahlen. Als die für Ende April angesagt wurden, hat das meine Unzufriedenheit gedämpft. Ich fand aber nicht, dass für diese achtzig Tage ein Regierungswechsel nötig wäre. Das war für mich ein Schritt rückwärts, als wir endlich einen kleinen Schritt vorwärts gemacht hatten.«

»Meine Aufgabe besteht darin, auf diese Leute (die Regierenden) aufzupassen. Das ist genauso, wie wenn Leute wegen eines Einbruchs die Polizei rufen. In diesem Fall waren Tausende von Menschen mit der Regierung und den Parlamentariern unzufrieden, und ich fühlte mich überhaupt nicht als deren Gegner. Wir bei der Polizei sind neutral, und so sollen wir auch auftreten. Wir versuchen immer, den Frieden zu bewahren, und lassen uns nicht so leicht provozieren. Man darf in einem solchen Fall die Angriffe nicht persönlich nehmen, auch wenn das nicht immer leicht ist.«

»Es war wirklich seltsam anzuschauen, wie schrecklich aufgeregt die Leute waren, auch ältere Menschen, zwischen fünfzig und siebzig zum Beispiel. Wir hatten ja vor dem Parlamentsgebäude versucht, ein gelbes Band zu ziehen, damit wir wenigstens ein bisschen Bewegungsfreiheit hätten und die Fensterscheiben nicht zerbrechen würden, aber die Leute wollten ja unbedingt ganz dicht ans Haus, um mit ihren Löffeln gegen die Wand und die Fenster zu klopfen, und sie haben das Band als Provokation empfunden, ich habe gemerkt, wie sie vor Wut regelrecht zitterten. Das hat mich wirklich überrascht.«

»Manche wollten sich einfach mit uns raufen, sogar Leute, die Kleinkinder trugen, was soll man da machen? Kleinkinder haben doch in so einer Menschenmenge nichts zu suchen. Und wenn man dann einen Mann mit einem Baby an den Arm greift und sagt, jetzt mach, dass du wegkommst mit dem Kind, heißt es gleich, die Polizei hätte einen Mann mit einem Kleinkind angegriffen. Das ist nicht schön.«

»Ich habe natürlich versucht, meiner neunjährigen Tochter zu erklären, dass hier kein Krieg sei, aber was kann man schon einem kleinen Kind erzählen? Die Eltern ihrer Schulfreundin habe ich dann auch auf den Demonstrationen gesehen, aber wir versuchen das voneinander zu trennen, damit es keine persönliche Sache wird.«

Nach unserem Gespräch gehen wir mit Marino in die Asservatenkammer der Polizei, um den Stein in Augenschein zu nehmen, den er selber noch gar nicht gesehen hat. Er erzählt uns, dass es nun in der Krise mehr Einbrüche und Gewaltverbrechen gibt als gewöhnlich, und noch nie hätte die Polizei so viele Gewächshäuser mit Cannabis aufgestöbert. Gleichzeitig müsste auch die Polizei sparen. So kann man mittlerweile sagen, dass der Zusammenbruch der Subprime-Kredite in den Vereinigten Staaten der Polizei in Island besonders viel Arbeit bereitet.

Der arbeitslose Visionär

Hannes Fridriksson, Innenarchitekt

»Ich hoffe, dass die Krise den Anbruch einer
neuen Periode signalisiert, in der das Menschliche
wieder zum Maßstab wird.«

Hannes Fridriksson, 53, ist Innenarchitekt. Seinen Job bei einer großen Ingenieurfirma in Reykjanesbaer, in der südwestlichen Ecke Islands, hat er durch die Krise verloren. Als ihm gekündigt wurde, traf ihn das völlig unvorbereitet.

»Diese Region war ja von einem riesigen Aufschwung geprägt. Es gab jede Menge zu tun. Wer wollte, konnte rund um die Uhr arbeiten. Und dann war plötzlich eines Tages Schluss. Im Laufe von nur einer Woche hielt der Zug einfach an. Das Ganze ging rasend schnell. Alles, was mit Design zu tun hatte, wurde sofort eingespart. Der technische Zeichner und ich wurden gleich gefeuert. Seitdem haben sie noch mehr Leuten gekündigt, und die meisten Übriggebliebenen arbeiten nur halbtags.«

Wir sitzen in einem großen, leer stehenden Gebäude, das zur Zeit für politische Treffen benutzt wird, früher aber einem Autoverkäufer gehörte – momentan kauft kein Mensch Autos. Hannes, verheiratet und Vater von fünf erwachsenen Kindern, trinkt Kaffee und raucht.

»Vor dem Sturz der Banken dachten wir, die Zukunft sei rosig. Hier sollte eine neue Aluminiumfabrik entstehen und eines dieser Datenzentren, die sie für die Computer-Server errichten und die einen sehr großen Energiebedarf haben. Dazu kamen haufenweise Projekte rund um den früheren US-Militärstützpunkt, der jetzt zur Uni umgebaut wird, da musste ja alles umgekrempelt werden – und dann plötzlich nichts mehr, bumm, als ob man die Rollläden heruntergelassen hätte.«

»Wir erleben jetzt eine einzigartige Epoche in der Geschichte Islands, wo so vieles zusammenbricht, was die letzten Jahre dominierte. Gleichzeitig hoffe ich, dass es den Anbruch einer neuen Periode signalisiert, in der das Menschliche wieder zum Maßstab wird. Die Krise hat trotz allem positive Seiten, denn jetzt redet man in der Familie wieder mehr miteinander, und die Menschen nehmen Anteil an den Problemen der anderen. Man braucht sich nicht mehr zu schämen, man darf sagen, dass es nicht allzu gut geht.«

»In den Jahren des Aufschwungs, als es am Schlimmsten war, hat man ja fast außerhalb der Gesellschaft gestanden, wenn man nicht mindestens zwei Jeeps sein Eigen nennen und fünf- bis siebenmal im Jahr ins Ausland fahren konnte. Diesen Träumen lief man hinterher. Jetzt ist es in Ordnung, wenn man einfach sagt, leider kann ich heute Abend nicht mit ins Restaurant kommen, denn ich habe kein Geld. Ich muss sparen. Das nimmt einem niemand mehr übel.«

»Ich bin überzeugt, dass sich unsere Gesellschaft aufgrund der Krise grundsätzlich ändern wird. Wir waren sehr egoistisch, es ging immer nur um die eigenen Interessen, jetzt wird Island sich zu guter Letzt zu einem nordischen Sozialstaat entwickeln.«

Hannes ist in vielem der typische isländische Mann, der immer viel gearbeitet hat und neue Aufgaben sofort angeht. Umso schlechter bekommt ihm das Nichtstun. Er glaubt, dass es die südwestliche Ecke des Landes, wo Reykjanesbaer liegt, am schwersten trifft, denn dort war auch der Boom so übertrieben.

»Die gesamte Baubranche auf Island liegt still. Für mich machte es keinen Sinn mehr, an meinen Arbeitsplatz zu gehen, nachdem mir gekündigt wurde. Ich habe mit meiner Firma abgemacht, dass ich zu Hause bleibe und von dort aus versuche, Aufträge zu finden, aber bisher war das ohne Ergebnis. Inzwischen bin ich auch offiziell arbeitslos.«

Hannes gibt ehrlich zu, dass er auf die Kündigung empfindlich reagiert hat und dass ihm die Arbeitslosigkeit sehr zusetzt.

»Früher hatte ich zwischendurch immer meine Freude daran, Möbel zu designen oder Ähnliches zu probieren, aber nach der Kündigung tue ich mich damit schwer. Das Malen war immer eines meiner Hobbys gewesen, aber ich kann mich selbst darauf nicht konzentrieren. Der Schock, meinen Job zu verlieren, einen Job, den ich so absolut sicher wähnte, war fürchterlich. Wir, meine Familie und ich, wohnen ja in einem wohlsituierten Viertel, und meine Nachbarn und Freunde haben noch Arbeit, manche sind öffentliche Angestellte, und die sind natürlich in jeder Hinsicht privilegiert, und ich fühle mich im Vergleich irgendwie weniger wert. Ich zog mich zurück, war oft schlechter Laune und zornig. Na ja, den Zorn habe ich dann in meinem Blog loswerden können. Da konnte ich über die Politiker herziehen und schimpfen, wie ich wollte. Im Blog kann man Trost suchen.«

»Allmählich wird es auch finanziell enger. Ich habe früher gut verdient, aber das ist jetzt zu Ende, und man merkt es mehr und mehr.«

Bei Hannes hat es lange gedauert, bevor er sich über seine neue Situation im Klaren war.

»Man hatte ja plötzlich Gelegenheit genug, über sich selber und sein Leben nachzudenken. Ich sah die Rechnungen kommen und dachte, na gut, das kann ich mir jetzt als Arbeitsloser nicht mehr leisten. Was soll ich nur tun? Zuerst wird man wütend oder macht sich dauernd Sorgen, aber dann wird man achtlos, leichtsinnig oder einfach gleichgültig. Man denkt, diese Rechnung kommt von der Bank, die den Karren in den Dreck gefahren hat. Bleiben wir erst mal cool und zahlen erst dann, wenn wir wieder Geld haben. Irgendwie ist es gleichgültig.«

Hat er sich um Hilfe bemüht?

»Nicht wirklich. Ich habe zwar hier eine öffentliche Einrichtung für Arbeitslose besucht und zwei Seminare mitgemacht. Hatte mir eigentlich eingebildet, jetzt würde ich unglaublich tüchtig sein und mich wahnsinnig weiterbilden, aber dann war das eher so eine Art Damenklub; die waren alle am Stricken. Ich hatte nie das Gefühl, die könnten mir helfen. Das war eher so eine Art Aufbewahrungsstation für Leute wie mich, bis der Arbeitsmarkt sich wieder erholt hat. So habe ich es jedenfalls erlebt, ich fand das Ganze einfach schlecht organisiert. Aber ich war natürlich zu der Zeit auch nicht gerade gut aufgelegt.«

»Nie werde ich den Tag vergessen, als Geir Haarde seine Ansprache hielt und mit den Worten *Gott segne Island* schloss. Wir wussten ja, dass uns die Ansprache bevorstand, ich war schon ziemlich beunruhigt deswegen und beschloss nach Hause zu gehen, um sie dort im Fernsehen zu verfolgen. Das ist ein Problem von mir: Ich kann schlechte Nachrichten nicht gut vertragen, sie gehen mir immer so nah. Meine Frau war auch schon zu Hause, zurück von der Arbeit, und als wir Geir sahen, so tiefernst, und er mit diesen Worten schloss, habe ich angefangen zu weinen. Ich habe einfach geheult. Mir war, als ob man uns jegliche Hoffnung genommen hätte. Da war nichts mehr. Als er diesen Satz sagte, hat er jegliche Hoffnung, dass Island sich aus dieser Situation noch befreien könnte, im Keim erstickt.«

»Zum Monatsende kam dann die Kündigung. Obwohl die Zeiten bekanntermaßen schlecht waren, war sie ein Riesenschock, denn unsere Firma hatte gerade mit einer anderen großen Firma fusioniert. Man hatte schon gefeiert, mit dreihundert Mann in einem Hotel in Reykjavík, und deswegen habe ich da einen wirklich schweren Schock erlitten. Das muss man sich mal vorstellen: Hier in Reykjanesbaer und Umgebung liegt die Arbeitslosigkeit inzwischen bei siebzehn Prozent, damit sind wir die absoluten Spitzenreiter im Lande. Aber die Behörden präsentieren ja täglich neue Zahlen.«

War Hannes ein Nutznießer des Aufschwungs in den vorangegangenen Jahren?

»Ich hatte beabsichtigt, meine Schulden alle mit einem Devisendarlehen neu zu finanzieren, und heute ist es mein Glück, dass ich das nie zuwege gebracht habe. Aber natürlich haben wir auch mitgemacht, uns eine Gartenlaube gebaut, und einmal fuhren wir ins Ausland, um Golf zu spielen. Es ging uns gut zu Hause, und wir haben uns auch einen Jeep gekauft, aber zu mehr reichte das Geld nicht, und deswegen haben wir auch nicht den schlimmsten Quatsch mitmachen können. Meine Kollegen redeten immer von Yen und Devisendarlehen, das klang alles sehr aufregend. Ich habe deswegen auch mal mit der Bank gesprochen, aber irgendwie war die Zeit für mich nie reif, und jetzt bin ich froh darüber.«

Hannes war konservativ eingestellt und Mitglied der Unabhängigkeitspartei, als er vor fünf Jahren nach Reykjanesbaer zog. Als seine Parteifreunde jedoch planten, die städtischen

Elektrizitätswerke zu privatisieren, war er entschieden dagegen. Er begann, Unterschriften gegen diese Pläne zu sammeln, mit großem Erfolg.

»Leute aus allen Parteien stimmten mit mir überein. Damals habe ich selbständig gearbeitet, bekam dann aber immer weniger Aufträge von der Gemeinde. Ich hatte angefangen, im Internet meinen Blog zu schreiben und über alles berichtet, was mir missfiel oder was meines Erachtens nicht gut funktionierte. Die Aufträge wurden immer weniger, und als mich dann die Ingenieurfirma anheuerte, haben die mir gesagt, ich sollte ein bisschen aufpassen mit meinem Blog. Zum Schluss haben sie mich sogar förmlich gewarnt: ›Wenn du jetzt nicht mit deinem Blog aufhörst, bekommt unsere Firma keine Aufträge mehr.‹ Da sind meine Frau und ich aus der Partei ausgetreten.«

»Mag sein, dass ich deswegen der Erste war, als es ans Kündigen ging. Mag sein, dass da Politik im Spiel war. Kann man nicht wissen, und in einer Krise darf man es auch nicht laut sagen. Anfangs fand ich die Demonstrationen nicht besonders interessant, aber dann habe ich gemerkt, wie der Langmut der Bevölkerung langsam ein Ende fand – den Ungehorsam, den mag ich. Dann sind wir dreimal samstags nach Reykjavík gefahren, um mit dabei zu sein. Deswegen konnte ich auch die große Freude miterleben, die einsetzte, als die Regierung endlich zurücktrat. Und ja, ich war ein bisschen stolz, dass ich dabei war!«

Zurück zur Natur

Frosti Fridriksson, Kulissenmaler und Bäcker

»Man muss sich was einfallen lassen in der Krise.
Im Herbst habe ich angefangen, im Meer zu baden.«

Frostri Fridriksson, 41, ist ein fröhlicher Mann, der nach seiner Ausbildung als Bäcker eine Zeitlang auch als solcher gearbeitet hat, sich dann aber entschloss, das Handwerk der Kulissenmalerei zu lernen. Die letzten zehn Jahre war er hauptsächlich auf dem Gebiet der Bildenden Künste tätig. Er erzählt gut gelaunt von der Krise und kann auch über seine eigenen Verluste lachen.

»Für mich fing alles damit an, dass ich Ende August 2007 meine Wohnung verkauft habe. Meine Freundin hatte gerade ein Kind von mir bekommen, wir wollten zusammenziehen, und ich beschloss deshalb, meine Wohnung zu verkaufen. Mein Vater sagte gleich, das sei sehr gefährlich, denn bald würde alles den Bach runtergehen. Es sei aber auch nicht vernünftig, Geld aufs Konto zu legen, ich solle lieber investieren. Aber ich wollte gar nicht so weit denken, ich wollte einfach mit meiner Freundin eine andere Wohnung kaufen und mit ihr zusammenleben.«

»Für die Wohnung bekam ich, wie damals üblich, einen sehr guten Preis und zog dann fürs Erste bei meiner Freundin ein. Leider klappte es dann doch nicht mit uns, und Anfang 2008 zog ich wieder aus. Es war ziemlich blöd, dass es mit uns nicht funktioniert hat. Danach war ich wieder alleine und saß bei meinem Vater auf dem Sofa (Frostis Eltern sind geschieden), wusste nicht so recht, was ich mit mir anfangen sollte. Dann sahen wir eines Abends die Spätnachrichten im Fernse-

161

hen, und es wurde irgendwas berichtet über Schwankungen des Nasdaq-Index an der amerikanischen Börse, und wir stehen also im Wohnzimmer in unseren Unterhosen und kratzen uns hinter den Ohren, und mein Vater sagt, das geht jetzt alles zum Teufel, die Krone fällt gleich. Ich nahm das wörtlich, und am Tag danach habe ich die Bank angerufen, wo ich ja ein nettes Sümmchen nach dem Wohnungsverkauf liegen hatte, und denen gesagt, dass ich sofort Euros für zehn Millionen Kronen kaufen wollte. Man machte mir ein gutes Angebot, den Euro für sechsundneunzig Kronen (Stand Ende April 2009: einhundertsiebzig Kronen). Die Bankangestellte sagte mir, das sei jetzt mein Risiko, und ich war ganz cool, denn ich wusste ja sowieso nicht, was ich tat. Und tatsächlich, kurz danach begann die Krone zu fallen (März 2008: um zwanzig Prozent), und ich dachte, Mensch, wow, ich habe Geld verdient! In einem Monat gleich zwei Millionen! Um Ostern fängt die Krone wieder an zu steigen, und da hatte ich für drei Millionen mehr Euros gekauft und war ganz schwer im Stress. Dann fiel sie wieder. Meine seelische Verfassung folgte genau dem Wechselkurs der Krone, es war zum Heulen, also dachte ich, ich verkaufe das Ganze einfach wieder. Die Leute bei der Bank sagten zu mir: ›Hast du für so was überhaupt Nerven, sollen wir das nicht für dich übernehmen?‹ Sie boten so ein Vermögensverwaltungsprogramm an und fragten, willst du da nicht einfach einsteigen? Da habe ich gleich ja gesagt.«

»Damals habe ich beim Nationaltheater in den Kulissen gearbeitet, und das nächste Stück stand unmittelbar vor der Premiere. Wir arbeiteten Tag und Nacht, und ich hatte nicht wirklich Zeit für diese Währungsspekulationen. Die Bühnenarbeiter haben sich schon über mich lustig gemacht, denn ich konnte mich gar nicht mehr konzentrieren, sondern musste immer nach unten ins Büro laufen, um an den Computer zu gehen, damit ich den Wechselkurs der Krone verfolgen konnte. Das war natürlich alles vollkommen daneben, und deswegen war ich einfach froh, als ich die Euros alle wieder verkauft hatte und bei der Vermögensverwaltung der Bank einstieg. Ab und zu bekam ich dann Meldungen, das Geld sei im Investierungsfonds Nr. 9 angelegt worden, oder jetzt habe man die Hälfte in den Fonds Nr. 1 investiert. Ich war bei Glitnir, und als die von der Zentralbank übernommen wurde, am 29. September, hat man diese Fonds sofort eingefroren, und kein Mensch konnte mir erzählen, was mit ihnen war. Bei der Bank sagte man einfach, diese Fonds sind fürs Erste geschlossen.«

»Ich nahm das am Anfang eher gelassen, dachte mir, jetzt zahle ich erst mal meine Rechnungen, bevor mein Geld alle ist. Ein paar Tage später wird der Fonds wieder geöffnet, und schwupp hatte ich eine Million verloren. Man sagte mir, die Stodir-Holding (früher FL-Group) sei in Insolvenz, und deswegen hätte ich Geld verloren. Später erfuhr ich, dass die FL-Group ja Haupteigentümer von Glitnir war und die FL-Group wiederum ein Teil der Baugur-Group. Nun ja, sagte ich mir, das ist ja alles mehr oder weniger dieselbe Soße. Ich habe meinen Vermögensverwalter bei der Bank angerufen und gefragt: ›Geht das denn jetzt alles den Bach runter? Soll ich das Geld nicht besser abheben?‹ Er zögerte und schlug dann vor, noch etwas abzuwarten und dann die Sache gründlich durchzugehen. Ich sagte okay, aber als ich den Hörer auflegte, wusste ich sofort, da stimmt was nicht. Ich geh also zur Bank und sage, ich will das Geld doch abheben und auf gewöhnliche Sparkonten verteilen. Und er sagt: ›Sollten wir nicht lieber staatliche

Wertpapiere kaufen, der Staat wird ja nicht in Konkurs gehen.‹ Okay, erwidere ich, aber bevor das zuwege gebracht werden konnte, krachten ja alle drei Banken auf einmal in sich zusammen, und die Fonds wurden wieder geschlossen.«

»Fonds Nr. 1 ist noch immer zu, keine Ahnung, wie es da um mein Geld bestellt ist. Bei Fonds Nr. 9 habe ich schon zwei Millionen abschreiben müssen, und bei Fonds Nr. 1 könnte ich eventuell noch fünf bis sechs Millionen verlieren. Wer weiß? Eigentlich will ich nicht mehr darüber nachdenken. Das war so in etwa mein Abenteuer als Investor. Wahrscheinlich hätte ich mich auf meine Träume verlassen sollen: Im März 2008, als die Krone fiel, erschienen mir Geir Haarde und David Oddsson im Traum, wo sie einen Graben schaufelten, im schweren Regen. Wahrscheinlich haben sie versucht, damit die Krone zu retten. Ich hatte auch einen wiederkehrenden Traum, in dem mir ein Zahn aus dem Mund fiel. Und jedes Mal ging danach eine Bank oder eine andere große Firma Konkurs. Hätte mich eigentlich danach richten sollen!«

»Wie auch immer, im Herbst 2008 saß ich nicht mehr bei meinem Alten auf dem Sofa, das ging ja nicht, ich habe mir eine Wohnung gemietet, eine klitzekleine Wohnung von sechzig Quadratmetern für über Hunderttausend im Monat, aber ich dachte immer, das kann ich ja spielend mit den Zinsen begleichen.« Lachend: »Gleichzeitig konnte ich mich fürchterlich über eine Parkgebühr aufregen, aber man ist ja nicht logisch. Ich hatte nicht mehr viel zu tun, hatte keine neuen Projekte bekommen, war ja lange freischaffend gewesen, im Grunde war ich arbeitslos, aber ich habe das nicht so empfunden, wahrscheinlich weil ich keine Geldsorgen hatte. Aber in der Krise kam mir dann plötzlich die Idee mit den Kronenkarten, und da habe ich mich voll reingestürzt, die zu verwirklichen.«

Frosti hat als Künstler schon ein paar Mal verrückte Ideen entwickelt. Einmal brachte er einige Dutzend Finnen dazu, ihm ihre Fingerabdrücke zu schicken, und sie bekamen eine schriftliche Bestätigung, dass ihre Fingerabdrücke in Island in kleinen Kästchen aufbewahrt würden. Einmal gründete er eine Filiale für indische Bettler in einer Galerie in Reykjavík. Die Kronenkarten waren eigentlich Postkarten, die man um eine aufgeklebte Krone herum zusammenklappen konnte. Geplant war, sie in kleinen Kästen in der Nähe von Touristenattraktionen aufzustellen. Dort sollten die Touristen dann jeweils für einen Dollar oder einen Euro eine Kronenkarte kaufen. Frosti präsentierte diesen Vorschlag der verblüfften isländischen Öffentlichkeit Anfang November und meinte, das wäre doch ein Weg, die Devisenreserve des Landes zu stärken. Zwölf Prozent der Einnahmen sollten an die britische Zentralbank weitergeleitet werden, um Islands Schulden zu begleichen.

»Ich kam in die Nachrichten, und alle fanden es lustig, und ich habe die Kästen an diversen Orten aufgestellt. Für die Kästen hatte ich auch ein Logo entwickelt, das war die isländische Fahne mit einem roten Kreuz in der Mitte. Eine Art von Rote-Kreuz-Sammlung könnte man sagen. Ich habe fünftausend Kronenkarten drucken lassen. Es hat Spaß gemacht, mitten in der Krise so ein schönes kleines satirisches Stück aufzuführen. Mitte November ruft mich ein Ausländer mit den Worten: *Are you Frosti?* an. Dann erklärt er mir, er sei Karl Heinz Bellmann aus Deutschland, und er sei nach Island gekommen, um sein Geld zu suchen, das er auf ein Kaupthing-Edge-Konto einbezahlt hatte, und jetzt könne ihm kein Mensch sagen, wo das Geld sei. Er war als Vertreter der Kleinanleger bei Kaupthing-Edge gekommen und hatte ein deutsches Fernsehteam dabei, vom ZDF, glaube ich. In einem Restaurant wäre er auf meine Kronenkarten gestoßen. Erst dachte ich, der Mann ist stocksauer auf mich, will sofort sein Geld haben. Aber dann sagte er, er fände die Idee einfach genial, das müsste er mit nach Hause nehmen. ›The problem is, I don't have any money!‹ Das fand ich herrlich, da musste ich lachen. Ich habe ihm natürlich einen Kasten Kronenkarten geschenkt, und die nahm er dann mit nach Deutschland, und das kam alles im dortigen Fernsehen.«

»Man muss sich was einfallen lassen in der Krise. Auch etwas für sich selber tun. Im Herbst habe ich angefangen, im Meer zu baden. Jemand sagte mir, es sei großartig und ich solle es mal probieren. Da war das Meer noch fünf Grad, im Winter ging es runter bis auf null Grad, war ziemlich kalt, dann stieg es wieder auf drei bis vier Grad, das ist schon ganz gemütlich – man freut sich, wie es langsam wärmer wird. Im Meer zu schwimmen gibt unglaublich viel Kraft, klärt den Kopf, und nachher ist dir, als hättest du einen Riesen-Langlauf gemacht, ist ja eine richtige Schockbehandlung für den Körper. Am besten hat man Handschuhe dabei an und eine Mütze auf dem Kopf. Hinterher legt man sich dann in ein warmes Becken, tut unglaublich gut. Das hilft wirklich gegen den Krisenblues.«

»Die Demonstrationen haben auch sehr geholfen. Es tat unglaublich gut, vor dem Parlament zu stehen und seinen Topf zu schlagen. Als ich eines Tages zwölf Stunden geschlagen hatte, ging es mir wie nach einem Meerbad. Wow, heute habe ich wirklich was geleistet, dachte ich mir. Meine Fahne, mit dem roten Kreuz in der Mitte, wurde auch registriert; jemand nannte sie die neue Fahne der Republik. Es waren ja unglaublich viele Menschen auf den Demonstrationen. Es ging natürlich zu weit, dass man die Polizisten beworfen hat, aber abgesehen davon war es herrlich, all diese Menschen!«

»Jetzt bin ich wieder Bäcker geworden, nach zehn Jahren Pause. Es gibt diese schöne Institution auf dem Lande, Solheimar heißt die. Es gibt sie schon seit 1930 als Heim für Menschen mit Down-Syndrom und ähnlichen geistigen Behinderungen. Momentan leben um die hundert Menschen dort; man folgt den Lehren von Rudolf Steiner und legt viel Wert auf gemeinsames ökologisches Wirtschaften und Ähnliches. Ich hatte schon früher davon gehört, dass sie dort gerne eine Öko-Bäckerei einrichten wollten, und Anfang dieses Jahres rief ich also an, ob der Plan immer noch stünde. Ja, sagte man mir, und seitdem wohne ich hier und bereite die Inbetriebnahme der Bäckerei vor. Ich glaube, wir kriegen das schon alles hin. Jetzt denkt man ja nicht mehr wie vor der Krise, wo sich alles nur um Geld drehte und fix gehen musste. Wir gehen es hier langsam an, setzen einen Schritt nach dem anderen. Ich habe mich noch nie besser gefühlt!«

Zur Lage der Nation

Let the suits be flash, the minister of commerce insane

W. H. Auden: Journey to Iceland, 1937

Im Sommer 2007 fuhr ich mit einem deutschen Freund durch die Vororte von Reykjavík. In Island gibt es bekanntlich nicht viele Bäume, aber damals bildeten die Baukräne einen regelrechten Wald um unsere Hauptstadt. Die Grundstücke gingen weg zu schwindelerregenden Preisen, man baute Wohnblocks, Einfamilien- und Reihenhäuser und immer neue Einkaufszentren. Mein Freund staunte und war tief beeindruckt, aber immer wieder fragte er mich: »Wer soll denn hier wohnen? Wer soll denn hier einkaufen?« Es kam ihm so vor, als wäre er in einer Millionenstadt und nicht in einer der kleinsten Hauptstädte der Welt. Eigentlich konnte ich ihm darauf nicht wirklich eine Antwort geben. Was mich allerdings damals nicht weiter bekümmerte, denn ich hatte offensichtlich wie viele meiner Landsleute meinen kritischen Blick verloren. Ich war einfach nur stolz auf unsere Produktivität. Uns Isländern wurde so viel Reichtum vorgegaukelt, dass wir anfingen, selbst daran zu glauben.

Jetzt stehen viele dieser Häuser leer und neue werden in absehbarer Zeit nicht gebaut werden. Manche, die in den letzten Jahren eines dieser Grundstücke teuer erworben haben, mussten es inzwischen zurückgeben. Jene, die standhalten, werden auf Jahrzehnte einen Kredit abbezahlen, der den Wert ihres Hauses oder Grundstückes um bisweilen über fünfzig Prozent übersteigt.

Das ist eine verrückte Situation. Andererseits: Sind die Zustände jetzt nicht eigentlich die normalen? Ist man nicht einfach nach einem Ausflug in eine virtuelle Welt des Wohlstands wieder zurück in die Wirklichkeit gekehrt? Deutsche Leser mögen sicher einige Zeichen der Krise, wie sie in den vorangegangenen Kapiteln beschrieben wurden, in ihrem Land wiedererkennen, wenn auch in abgeschwächter Form. Nirgendwo tat das Aufwachen aus einem Traum bislang so weh wie in Island. Bei uns ist nicht eine Bank in Insolvenz gegangen, sondern das gesamte Bankenwesen. Deswegen erwischt die Krise in erster Linie nicht nur die Investoren und Entrepreneurs, die Spekulanten und die Börsenmakler, sondern ganz gewöhnliche Menschen, die niemals etwas am Hut hatten mit finanziellen Risikogeschäften und Spekulationen. Besonders hart trifft es dabei jene, die gerade dabei sind, sich eine Existenz aufzubauen – junge Familien und nicht zu vergessen die Tausenden von Ausländern, die in den letzten Jahren in Island ihr Glück und eine Arbeit gesucht haben.

Die isländische Krone ist eine kleine Währung, die sowohl von isländischen Banken als auch von ausländischen Spekulanten über Gebühr strapaziert wurde. Man spekulierte, wo und wie es nur eben ging. Parallel zum Zusammenbruch des Finanzwesens fiel auch der Kurs der Krone, und noch immer wird ihr Wechselkurs nur mit harten Währungsrestriktionen aufrechterhalten, bei vielen ausländischen Zentralbanken wird sie gar nicht mehr notiert. Dieser doppelte Sturz, sowohl des Finanzwesens als auch der Währung, war folgenreich – besonders für jene, die Schulden hatten. Es betraf dabei nicht nur ausländische Devisendarlehen, wie vielfach von den Banken in den letzten Jahren angeboten, sondern auch isländische Immobilienkredite, die traditionell indexgebunden sind. Dabei muss man im Auge behalten, dass die weitaus meisten Isländer ein Eigenheim bewohnen, auf das sie eine Hypothek genommen haben. Beim Sturz der Banken schnellten die Kredite in die Höhe, und der Reallohn sank. Immer mehr Haushalte tragen nun immer mehr Schulden ohne realen Gegenwert.

Finanzkrisen kennen die Isländer schon lange, aber Arbeitslosigkeit war ihnen in den letzten Jahrzehnten fremd. Meistens konnten sie sich von Schulden befreien, indem sie Überstunden machten oder zwei Jobs gleichzeitig nachgingen. Jetzt gibt der Arbeitsmarkt das nicht mehr her. Am schlimmsten trifft es, wie erwähnt, die Baubranche. Zur Kochtopfrevolution kam es, weil viele so genannte gewöhnliche Menschen so schlimm getroffen waren, dass sie auf die Straße gingen, um zu protestieren, was ihnen sonst nie eingefallen wäre. Natürlich stecken auch sozial Benachteiligte, Behinderte, alleinerziehende Väter oder Mütter und so weiter in großen Schwierigkeiten, und sei es nur wegen der Inflation, die in den ersten Monaten nach dem Kollaps auf achtzehn Prozent stieg. Am Glimpflichsten kamen bisher wahrscheinlich die Rentner davon, es sei denn, sie hätten ihre Ersparnisse in Wertpapiere der Banken oder Aktien gesteckt. Der isländische Aktienindex (OMX15, wie es so schön abgekürzt heißt) stand im Frühsommer 2007 bei achttausend, zwei Jahre später erreicht er gerade mal die zweihundert.

Margret Margeirsdottir, bis vor Kurzem Vorsitzende des Vereins älterer Bürger in Reykjavík, meint, dass die überall um sich greifende Unsicherheit den Rentnern am Schlimmsten zusetze. Unzählige Anrufe seien deswegen bei ihrem Verband eingegangen. Viele befürchten auch, dass die großen Einsparungen, die zum Beispiel im Gesundheitswesen anstehen, besonders Altenheime und Senioreneinrichtungen treffen werden, weil man die Probleme dort nicht als akut einstuft. Die meisten älteren Bürger haben jedoch ihre Immobilienkredite bezahlt und sind schuldenfrei. Das kann man über den isländischen Staat nicht sagen. Genau genommen kann man auch schwer eine Prognose darüber abgeben, wie sich die Staatsschulden Islands in absehbarer Zeit entwickeln werden, weil unter anderem bislang keine verlässliche Einschätzung der Eigentumssituation der insolventen Banken, die ja jetzt dem Staat gehören, vorliegt. Auch weiß man immer noch nicht, welche Verpflichtungen Island in Folge der Icesave-Konten übernehmen muss. Grob geschätzt werden die Schulden des isländischen Staates Ende 2009 ungefähr drei Viertel des Bruttoinlandsprodukts (BIP, ca. eintausendfünfhundert Milliarden Kronen) betragen, wobei man von Wirtschaftswissenschaftlern sowohl niedrigere als auch wesentlich höhere Zahlen hört. Schon diese Ungewissheit erschwert jegliche konkrete Planung. Sicher ist nur, dass der staatliche Haushalt in den nächsten Jahren gewaltig gekürzt werden muss. Alle Indikatoren schauen übel aus; im Jahresvergleich ist die Arbeitslosigkeit von zwei auf neun Prozent gestiegen, der Reallohn gleichzeitig um zehn Prozent gesunken.

Angesichts dieser Situation stellen sich die Isländer immer wieder dieselben Fragen: Wie konnte es so weit kommen? Wer trägt die Verantwortung? Wir alle wussten natürlich von dem absurden Reichtum auf Pump. Man mag es noch als eine Ironie des Schicksals empfinden, dass einem Großteil des Servicepersonals auf dem kleinen Flughafen in Reykjavík inzwischen gekündigt wurde, weil dort fast keine Privatjets mehr landen. Und manche mögen sich heimlich darüber freuen, dass Jon Asgeir Johannesson unlängst sowohl seine Yacht wie auch seinen Privatjet verkaufen musste. In diesen eher anekdotischen Bereich gehören auch die Geschichten darüber, was die Banken alles taten, um ihre wohlhabenden Kunden dazu zu bringen, Kredite für Investitionen aufzunehmen, darunter zum Beispiel Luxuseinladungen zum Formel-1-Rennen in Monaco. Es gehört sicher auch zu dem absurden Teil dieses Theaters, dass die isländische Wirtschaftskammer, ein Organ der isländischen Arbeitgeber, tatsächlich erst vor einem Jahr in einem Bericht schrieb: »Die Wirtschaftskammer schlägt vor, dass Island sich nicht mehr mit den skandinavischen Ländern vergleicht, da wir ihnen auf den meisten Gebieten voraus sind.« Hybris, hieß so etwas bei den alten Griechen, und schon damals führte es ausnahmslos zum Fall.

Ernster wird die Sache schon, wenn man an die schon erwähnten hohen Kredite denkt, die die Banken ihren eigenen Eigentümern gewährten. Wie sie es ausgewählten Kunden ermöglichten, die eigenen Aktien auf Kredit zu kaufen, nur um damit den Kurs der jeweiligen Bank in eine falsche Höhe zu treiben – eine Vorgehensweise, die der parteilose Handelsminister und Ökonom Gylfi Magnusson neulich öffentlich kritisierte. Jede Woche bringen die Medien, bis vor kurzem selbst viel zu unkritisch, neue Enthüllungen. Momentan ist es die finanzielle Unterstützung der politischen Parteien durch die Privatwirtschaft, die in allen Gazetten breit diskutiert wird. So konnte beispielsweise die Unabhängigkeitspartei Ende 2006 zwei ungewöhnlich hohe Spenden einstreichen, jeweils dreißig Millionen Kronen, und zwar von der FL-Group und der Landsbanki. Auch andere Parteien, mit Ausnahme der Links-Grünen, haben im selben Jahr Spenden von diesen oder vergleichbaren

Firmen entgegengenommen, keine jedoch höher als fünf Millionen. Zwei Umstände kamen hier besonders unglücklich zum Tragen: erstens traten, von allen Parteien unterstützt, am 1. Januar 2007 neue Gesetze in Kraft, die es den Parteien verboten, mehr als dreihunderttausend Kronen von einem Spender anzunehmen. Also spendierte man noch schnell ein paar Tage vorher ein nettes Sümmchen. Und zweitens erfolgten die Spenden auf Initiative des Parlamentariers und Bürgerratsmitglieds Gudlaugur Thor Thordarson hin, der zu dieser Zeit auch Aufsichtsratsvorsitzender des Energieunternehmens der Stadt Reykjavík war. Beide Firmen, FL-Group und Landsbankinn, hatten große Pläne auf dem Gebiet der Energiewirtschaft, und es war schließlich die FL-Group, die im Jahr darauf entsprechende Verhandlungen mit der Stadt Reykjavík führen durfte.

Spenden wie diese waren sicher nur Kleingeld für die besagten Firmen, und sie haben mit dem Sturz des Bankenwesens nur insoweit zu tun, als dass sie ein deutliches Beispiel für eine ungesunde Verflechtung von Politik und Wirtschaft abgeben. Auch andere Länder kennen dieses Problem. Enthüllungen wie diese schüren natürlich das Misstrauen, das große Teile der Bevölkerung in Island inzwischen gegenüber ihren Politikern empfinden. Es wurde gewiss auch dadurch angeheizt, dass in den ersten vier Monaten nach dem Kollaps der Banken kein einziger Politiker in Island zurückgetreten ist. Die standardisierte Redewendung war, selbstverständlich wolle man sich vor seiner Verantwortung nicht drücken, aber jetzt gelte es, nach vorne zu schauen und über Lösungen zu sprechen. Man dürfe nicht dauernd in den Rückspiegel schauen, wie es Sigurdur Einarsson, ehemaliger Vorstandsvorsitzender der Kaupthing Bank, am 5. März so anschaulich formulierte.

All dies macht den isländischen Steuerzahler zu Recht wütend: Die nächsten Jahre, wenn nicht Jahrzehnte, muss er die Schulden bezahlen, die ihm die Bankvorstände und ihre Mitarbeiter eingebrockt haben. Wie Maria Kristjansdottir es in ihrem Leserbrief formuliert hat, waren es Menschen und keine Naturgewalten, die diese Katastrophe verursacht haben. Man muss wissen, was sich in der Vergangenheit zugetragen hat, um bereit zu sein, in die Zukunft zu schauen. Der Wirtschaftswissenschaftler Olafur Isleifsson hält es für unabdingbar in einer solchen Situation, dass die Regierenden ihr traditionelles Schweigen brechen, was diese Dinge betrifft. Welche Fehler sind bei der Privatisierung der Banken und der Übernahme von Glitnir gemacht worden? Auf diese Fragen sei man der Bevölkerung eine Antwort schuldig. Was waren kriminelle Machenschaften, was war Inkompetenz, was war hausgemacht, was ging auf das Konto der internationalen Krise? Zwei Institutionen sollen diesen Fragen jetzt nachgehen: ein Untersuchungsausschuss, vom Parlament eingesetzt, soll bis zum Herbst einen Bericht über den Kollaps der Banken vorlegen. Und ein eigens dazu berufener Staatsanwalt soll eventuellen Gesetzesbrüchen in Verbindung mit dem finanziellen Ruin nachgehen. Die norwegisch-französische Anwältin Eva Joly wird ihn bei seinen Recherchen unterstützen. Wenn diese Dinge nicht lückenlos aufgeklärt würden, so Eva Joly im isländischen Fernsehen, stünde der ganze Gesellschaftsvertrag auf dem Prüfstand. Es geht um nichts weniger als um Gerechtigkeit, Wahrheit und Vertrauen.

Das isländische Volk muss über die Ursachen des finanziellen Zusammenbruchs aufgeklärt werden. Auch damit die Einwohner ihren Glauben an das Potenzial ihres Landes wieder erlangen. Obwohl nicht Mitglied der EU, hat Island als Teil des Europäischen Wirtschaftsraums vollen Zugang zum europäischen Arbeitsmarkt. Da viele Isländer gut ausgebildet sind, haben sie trotz der Krise gute Möglichkeiten. Viele überlegen ernsthaft, ins Ausland zu ziehen. Die ausländischen Gastarbeiter (hauptsächlich in der Baubranche und den Fischfabriken beschäftigt), vor kurzem fast fünfundzwanzigtausend an der Zahl, verlassen, soweit es ihnen möglich ist, das Land. Viele von ihnen, besonders jene mit Familien, sitzen allerdings in Island fest; wenn sie sich eine Wohnung oder ein Haus gekauft haben, befinden sie sich nun in derselben Schuldenfalle wie die Isländer.

Dass die Bevölkerung einen Kurswechsel will, hat sie bei den Wahlen am 25. April gezeigt. Das Resultat war der größte Linksruck in der Geschichte der Republik und gleichzeitig das schlimmste Wahldebakel der Unabhängigkeitspartei seit Bestehen. Wobei die Sitzverteilung der Parteien langfristig von geringerer Bedeutung sein wird als ein neues Selbstverständnis von Politik, der sich alle Beteiligten verschreiben sollten, will man die Zukunft Islands sichern: mehr Ehrlichkeit, mehr Offenheit, mehr Mitbestimmung, mehr Demokratie.

Mein Land als Beispiel

Es gibt für mich nur eine Alternative:
entweder die Welt so gründlich zu besiegen,
dass sie mir zu Füßen liegt, oder aber
völlig vor die Hunde gehen.
Und selbst wenn ich vor die Hunde gehe,
reiße ich mich wieder von ihnen los!
Kapitulation existiert in
meinem Wortschatz nicht.

Halldór Laxness
in einem Brief an seine Verlobte, 1927

In den ersten Wochen nach dem Kollaps des isländischen Bankenwesens machte sich die halbe Welt über Island lustig. Nicht zuletzt dort, wie in Dänemark oder England, wo die neureichen Isländer sowohl kräftig investiert hatten als auch großspurig aufgetreten waren. Island galt als ein Beispiel der übertriebensten Form des Neoliberalismus, einer hemmungslosen Raffgier, infolge derer kein Mensch mehr auf die Folgen achtete. Ausländische Journalisten strömten in Scharen ins Land und schrieben oftmals sehr ironische und leider auch manchmal sehr treffsichere Berichte. Ein Land in Insolvenz, ein bankrottes Volk – so lauteten die Schlagzeilen – , manchmal klangen sie schadenfroh, manchmal aber auch, aus verständlichen Gründen, weil die Leute viel Geld bei den isländischen Banken angelegt hatten, verärgert. Die Isländer kamen sich vor wie Ratten in einem Versuchslabor, und ihr Selbstvertrauen – bei kleinen Völkern sowieso immer ein Schwachpunkt – war schwer getroffen. Früher nahmen Grubenarbeiter oft einen Kanarienvogel mit in die Minen. Solange er sang, war die Luft in Ordnung. Die Isländer waren der Kanarienvogel des internationalen Finanzkapitalismus. Ihnen blieb die Luft als Erste weg.

Aber dann verstrichen die Monate, und mehr und mehr Länder hatten mit Problemen zu kämpfen, die den isländischen im Prinzip in nichts nachstehen. Größere Volkswirtschaften sind zwar besser dafür gerüstet, finanziellen Schieflagen zu trotzen, ihre Währung ist stärker, der Staat kann größere Verpflichtungen auf sich nehmen. Nichtsdestotrotz lädt man den Steuerzahlern in immer mehr Ländern immer mehr Bürden auf, um Banken und Firmen zu retten und die Wirtschaft in Gang zu halten. Und immer mehr Länder sind in der Situation, den Internationalen Währungsfonds um Hilfe bitten zu müssen, im April 2009 beispielsweise Polen.

In Island trat die Krise mit einem Schlag ein. Die Ansprache von Geir Haarde, *Gott segne Island*, hat für viele Isländer inzwischen einen ähnlichen Stellenwert wie der Kennedy-Mord für die Amerikaner. Nie werden sie vergessen, wo sie gerade waren, als er sprach, was sie dachten, als er zu Ende war. Weil es so urplötzlich passierte, stellte sich aber auch rasch der Ärger, vielfach der Zorn ein. Und die Bevölkerung stellte relativ schnell die Frage danach, wer für die Misere verantwortlich war und was die Verantwortlichen nun zu tun gedachten. In vielen westlichen Ländern kommt die Krise schleichend, aber bald werden auch dort die Einwohner die gleichen Fragen wie die Isländer stellen müssen. Wohin fließt das Geld? Wie konnte es so weit kommen? Ziehen wir eine Lehre daraus, oder machen wir einfach so weiter wie gehabt?

Der Fall der Sowjetunion vor bald zwanzig Jahren bedeutete einen riesigen Fortschritt, für Europa und die Demokratie. Aber er stärkte auch das Selbstvertrauen des Kapitalismus und das allgemeine Vertrauen in einen hemmungslosen Markt. Anstatt den Markt als eine von vielen Sphären der menschlichen Gesellschaft zu sehen, wurde er *die* Sphäre. Nicht nur breitete er sich über andere Sphären hinweg aus, sondern man sah auch in den Gesetzen des Marktes die Maßstäbe, die für alle anderen Bereiche ebenfalls gültig und richtig waren, sei es das Privatleben, die gesellschaftliche Organisation des Zusammenlebens oder die Kultur. Überall galt die gleiche Währung. Man hatte den holprigen Weg der europäischen Geschichte verlassen und war in eine neue Welt eingetreten, um Hallgrímur Helgasons Beschreibung der isländischen Mentalität zu benutzen.

Währenddessen entzog sich der Markt der demokratischen Kontrolle, und im ersten Jahrzehnt unseres neuen Jahrhunderts drehte er durch, jedenfalls im Finanzsektor. Nicht nur in Island, überall in der Ersten Welt gab es viel flüssiges Geld zu niedrigen Zinsen, überall nahm die Verschuldung rapide zu, überall unterschätzte man die Risiken, fast überall versagten die Kontrollorgane. Als das Geld zu fließen aufhörte, die Zinsen stiegen, das internationale Misstrauen zwischen den Banken wuchs und die Kreditlinien gekappt wurden, kamen alle Banken, die sich an risikofreudigen Investitionen beteiligt hatten, nicht nur die isländischen, in Schwierigkeiten. Die isländischen Banker waren wahrscheinlich weder dümmer noch krimineller als andere (vielleicht lagen sie im unteren Durchschnitt), aber die volkswirtschaftliche Begrenzung des Landes machte es dem Staat unmöglich, die Banken aufzufangen. Die überhitzte Reaktion der britischen Regierung, danach sofort zu den Terroristengesetzen zu greifen, lässt sich vielleicht damit erklären, dass sie Island sofort als Beispiel nahm. Seit Jahren hatte London versucht, sich zum größten Finanzzentrum der Welt aufzubauen. Die Icesave-Konten waren bei weitem nicht die einzigen Sparkonten, die ausländische Banken britischen Sparern anboten. Nun glaubte man, müsste sofort ein Signal gesetzt werden. Denn auch die britische Finanzaufsicht hatte versagt. Die britischen Kontrollorgane, wie die

Finanzaufsicht in Island, verfügten sicher über ausgezeichnete Instrumente, um einzelne Banken zu prüfen, aber sie hatten keine Instrumente, um die Systemfehler in der Vernetzung der westlichen Finanzwelt aufzudecken. Es gab eine Globalisierung, nicht zuletzt im riesigen Labyrinth der internationalen Verschuldung, aber es gab keine überstaatliche Koordination der Gegenmaßnahmen. Das versucht die reiche Welt jetzt verzweifelt in verschiedenen G8- oder G-20-Tagungen nachzuholen, hauptsächlich, in dem man so viele Steuergelder wie möglich in die Wirtschaft pumpt.

Aber sollte man den dahinsiechenden Markt wirklich einfach wieder aufpumpen und dann loslassen, damit er so dasteht, wie er früher mal war? In Island wird man sich damit wahrscheinlich nicht abfinden. Es geht dabei nicht unbedingt darum, irgendwelche utopischen Alternativen zur Marktwirtschaft zu entwickeln, sondern es geht um demokratische Kontrolle und das Bemühen, dem marktorientierten Denken Grenzen zu setzen. Es in seine Schranken zu weisen, um die Qualitäten des Miteinanders in anderen Bereichen zu bewahren oder wieder aufzubauen. Im Jahr nach dem Zusammenbruch können die Isländer allmählich den Spieß umdrehen. Island ist ein kleines Land, aber es hat an Bedeutung gewonnen durch die Finanzkrise, ist größer geworden.

* * *

Wie wird es weitergehen mit Island? Dem Verfasser fällt es nicht ein, so zu tun, als könnte er die Zukunft seines Landes vorhersagen oder Lösungen ausbreiten. Der internationale Finanzkapitalismus hat Island erstmal verlassen, wie der Hubschrauber die kleine Insel Flatey. Es wird schwierig genug werden für die Isländer, ein einigermaßen funktionierendes, neues heimisches Bankensystem aufzubauen. Wahrscheinlich ist ihre Währung unhaltbar, und wahrscheinlich führt der vernünftigste Weg über die EU zum Euro. Man darf hoffen, dass der einfache Spruch vieler Isländer über die Krise, »als Erste rein, als Erste raus«, sich als richtig erweisen wird. Nur eines müssen wir vermeiden: uns wieder auf die herkömmlichen Lösungen begrenzen zu lassen. Die Isländer verfügen über Unmengen an natürlicher Energie, aber sie müssen sie nicht ausschließlich für amerikanische Aluminiumfabriken verwenden. Ein guter Weg führt über den gesunden Zorn, dann die Trauer direkt in die Kreativität, und dafür haben die Isländer sowohl die Ausbildung wie auch die Kultur. Einfallsreichtum ist wieder gefragt. Die beliebteste Touristenattraktion Islands etwa, die Blaue Lagune, ist eine ganz junge Erfindung: entstanden aus dem Abwasser eines Geothermie-Kraftwerks. Alles war da, man musste es nur noch formen. Wir brauchen den Blick des Bildhauers, der gefangen in der viereckigen Form eines Steinklumpens den Vogel sieht, den er mit seinem Meißel befreit. Im 13. Jahrhundert schrieben isländische Erzähler die Geschichten der norwegischen Könige auf und erfanden damit gleichzeitig ein neues Exportgut: die Handschriften. Das war einer der Anfänge der isländischen Literatur, aus der die heutigen Isländer noch immer Mut und Selbstvertrauen schöpfen.

Demokratie ist immer auch der Wille zum Verständnis und der Wille, sich verständlich zu machen. Eine der schwierigsten Sprachen Europas ist baskisch, Euskara, über deren Ursprung sich die Wissenschaftler noch heute nicht im Klaren sind. Die allerersten Wörterbücher dieser Sprache wurden in Island im

17. Jahrhundert verfasst. Drei verschiedene Priester an den Westfjorden, einer von ihnen wahrscheinlich auch für Flatey zuständig, haben sie zusammengestellt. Denn sie wollten sie verstehen, diese baskischen Seeleute, die damals bis nach Nord-Island segelten, um Wale zu fangen. »Vocabula Biscaia«, nannte einer von ihnen seine Sammlung baskischer Wörter mit isländischen Erklärungen. Dass sie dachten, die Sprache, die sie entzifferten, sei Spanisch, ist in diesem Zusammenhang nur ein schönes, kreatives Missverständnis.

»Bankisch« könnte man sie nennen, diese für die meisten von uns absolut unverständliche Sprache, die uns seit Jahren um die Ohren gehauen wird. Wer ihrer nicht mächtig war, hatte nicht mitzureden in der modernen Gesellschaft. Wie Philosophen der Dekonstruktion hüllten sich die Finanzleute in eigens erfundene Begriffe, um sich von der allgemeinen Bevölkerung, und damit auch der demokratischen Kontrolle, abzuschotten. Und jetzt zeigt sich, dass sie nicht mal ihre eigene Welt entziffern konnten.

Das 17. Jahrhundert war, wie schon erwähnt, eines der schwierigsten in Islands nie leichter Geschichte, von Vulkanausbrüchen, grimmigem Klima und Hungersnöten geprägt. Man kann sie nur bewundern, diese Menschen, die – um andere Menschen zu verstehen – Bücher schrieben, in einer Zeit wo bereits das bloße Überleben eine Heldentat war.

Anmerkungen

Chronologie

1991: David Oddsson wird Premierminister einer Regierung aus der Unabhängigkeitspartei (Konservative) und der kleinen sozial-demokratischen Volkspartei (Althyduflokkurinn). Davor war eine Mitte-Links-Regierung an der Macht.

1995: Nach den Wahlen bildet David Oddsson erneut eine Regierung, diesmal mit der Progressiven Partei (Framsoknarflokkurinn, eine Zentrumspartei, die sich ursprünglich als Bauernpartei betrachtete), im Zeichen des wirtschaftlichen Liberalismus.

1999: Nach den Wahlen setzt die Regierung David Oddsson ihre Arbeit fort und verspricht sich verstärkt der Privatisierung, darunter die der isländischen Staatsbanken, zu widmen.

2000: Mit der Fusion der Islandsbanki und der Investitionsbank FBA entsteht eine große private Bank. Islandsbanki ändert 2006 ihren Namen in Glitnir; 2009, nach der Übernahme durch den Staat, wieder in Islandsbanki.

2002: Im Oktober 2002 wird die Landsbanki Islands privatisiert, drei Monate später die Bunadarbanki Islands, später Kaupthing genannt.

2003: Nach Wahlen ist die Regierung David Oddsson weiter an der Macht.

2004: David Oddsson tritt als Premierminister zurück. Der Posten wird von Halldor Asgrimsson, Vorsitzender der Progressiven Partei, für zwei Jahre übernommen. David wird Außenminister.

2005: David Oddsson zieht sich aus der Politik zurück und wird Zentralbankchef.

2006: Geir Haarde wird Premierminister in der Regierung aus der Unabhängigkeitspartei und der Progressiven Partei.

2007: Geir Haarde bildet nach den Wahlen eine große Koalition mit den vereinigten Sozialdemokraten (Samfylking). Ingibjörg Solrun Gisladottir wird Außenministerin.

2008:

15. September: Bankrott der Lehmann Brothers Bank in den USA.

29. September: Übernahme der isländischen Glitnir-Bank durch die isländische Zentralbank.

6. Oktober: Fernsehansprache von Geir Haarde (»Gott segne Island«), am Abend Verabschiedung der Notstandsgesetze im Parlament. Die Finanzaufsicht übernimmt die Glitnir-Bank und die Landsbanki.

7. Oktober: Die Finanzaufsicht übernimmt die Kaupthing Bank.

2009:

20. Januar: Das Parlament tritt nach der Weihnachtspause zusammen. Beginn der »Kochtopfrevolution«.

26. Januar: Rücktritt der Regierung Geir Haarde.

1. Februar: Johanna Sigurdardottir bildet eine Minderheitsregierung der Sozialdemokraten und der Links-Grünen, geduldet von der Progressiven Partei.

25. April: Neuwahlen. Die Linksparteien erringen die Mehrheit.

10. Mai: Die erste linke Mehrheitsregierung in der Geschichte der Republik übernimmt die Macht.

Das isländische Parteiensystem der letzten zehn Jahre:
Im Grunde genommen herrscht in Island seit 1930 ein 4-Parteien-System. Die folgenden Parteien waren in den letzten zehn Jahren im Parlament, Althingi, repräsentiert:

Unabhängigkeitspartei (Sjalfstaedisflokkur), konservativ-liberal, 1927 gegründet. Seit dem Zweiten Weltkrieg die größte Partei im Lande, bisher meistens 32–38 Prozent.

Progressive Partei (Framsoknarflokkur), politische Mitte, 1916 als Bauern- und Genossenschaftspartei gegründet, in den letzten 20 Jahren 11–18 Prozent.

Sozialdemokraten (Samfylking), 1998 ursprünglich als Wahlbündnis der sozialdemokratischen Volkspartei, der sozialistischen Volksallianz und der Frauenliste gegründet, im Jahre darauf als Partei konstitutiert, 27–32 Prozent.

Links-Grüne (Vinstri-Graenir), 1999 gegründet, nicht zuletzt von Mitgliedern der Volksallianz, die mit den Sozialdemokraten unzufrieden waren, 10–15 Prozent.

Liberale Partei (Frjalslyndi flokkurinn), kleine Mitte-Rechts-Partei, 1998 gegründet, 5–8 Prozent.

Das Resultat der Wahlen am 25. April 2009:
Unabhängige: 23,7 Prozent.
Progressive: 14,8 Prozent.
Sozialdemokraten: 29,8 Prozent.
Links-Grüne: 21,7 Prozent.
Bürgerbewegung: 7,2 Prozent
Liberale: 2,2 Prozent.

In Memoriam: Die drei großen isländischen Banken

Glitnir: 1990 entstand die Islandsbanki aus der Fusion mehrerer kleiner Banken. Diese wurde 2000 mit der Investitionsbank FBA zusammengelegt und begann 2003 ins Ausland zu expandieren.

Landsbanki: Die älteste Bank wurde im Herbst 2002 privatisiert.

Kaupthing: Anfang 2003 durch die Privatisierung der Bunadarbanki und später im selben Jahr Fusion mit Kaupthing entstanden, wurde die größte Bank Islands mit sehr viel Auslandsgeschäften.

Alle drei Banken wurden nach dem 6. Oktober 2008 vom Staat übernommen. Der Inlandsteil wurde beibehalten mit dem Vorzeichen »Neu« (Neue Landsbanki etc), der Auslandteil ging in Insolvenz.

Erläuterung, Dank und Quellen

Hoffentlich müssen wir nicht noch einmal erleben, wie unser Land in ein großes, schwarzes Loch fällt. Nicht schleichend wie in Deutschland, sondern mit einem Hammerschlag kam die Krise über Island. Gleichzeitig zerrann der unheimliche Reichtum, in dem wir zu schwimmen schienen. Zurück blieben ein Berg von Schulden, steigende Arbeitslosigkeit und Inflation. Dieses Buch ist keine wissenschaftliche Abhandlung und kein ökonomischer Ratgeber, sondern eine subjektive Beschreibung dieser Er-eignisse aus unserer ganz persönlichen Sicht. Gleichzeitig haben wir zehn unserer Landsleute zu Wort kommen lassen, die über ihr Leben in und mit der Krise berichten, das glücklicherweise nicht nur von Pessimismus und Frustration gekennzeichnet ist, sondern auch von einem Umdenken und neuer Lust aufs Leben.

Die Einführungs- und Schlusskapitel stammen von Halldór Gudmundsson, der auch die Gespräche mit Ingibjörg Solrun Gisladottir und Hallgrímur Helgason führte. Dagur Gunnarsson sprach mit den anderen acht Porträtierten, von ihm sind auch alle Fotos im Buch. Bei den Karikaturen war Halldór Baldursson federführend.

Wir danken allen, die bereit waren, über ihre Situation zu berichten. Für äußerst nützliche Hintergrundgespräche danken wir dem Ökonomen Olafur Isleifsson, Vilborg Oddsdottir vom Hilfswerk der evangelischen Kirche in Island, Margret Margeirsdottir, der ehemaligen Vorsitzenden des Vereins der älteren Bürger in Reykjavík und Kristjan Gudlaugsson, Sprachlehrer und Journalist. Für fachlichen Rat und die Bereitschaft, das Manuskript auf sachliche Fehler hin zu sichten, danken wir den Wirtschaftswissenschaftlern Olafur Isleifsson und Professor Dr. Heinz-J. Bontrup.

Einen ganz herzlichen Dank auch an Regina Kammerer, für die deutsche Bearbeitung des Manuskripts – und für die Idee zu diesem Buch überhaupt.

Halldór Gudmundsson, Dagur Gunnarsson

Quellen

Wir sind alle Isländer ist kein Enthüllungsbuch. Die meisten Informationen, auf die wir uns berufen, sind öffentlich zugänglich, größtenteils aber nur auf Isländisch. Im Folgenden seien die wichtigsten Quellen genannt, nach Seitenzahl geordnet.

9: Über die Firmen auf den Tortola-Inseln berichtete *Morgunbladid* ausführlich am 12. Februar 2009.

10: Über Scheich Al-Thani, die Kaupthing Bank und Olafur Olafsson kann man sich zum Beispiel im englischsprachigen Magazin *Iceland Review* informieren: http://www.icelandreview.com/icelandreview/search/news/Default. asp?ew_0_a_id=318560
Darüber, dass die Kaupthing Bank den Aktienkauf des Scheichs finanzierte, schrieb www.mbl.is am 25.1. 2009, und dort findet man auch ein Foto von Olafsson und dem Mitglied der Al-Thani familie auf Flatey: http://www.mbl.is/mm/frettir/innlent/2009/01/25/lanin_mogulega_logbrot/

13: Das Zitat von Auden stammt aus dem Buch: W. H. Auden und Louis MacNeice: *Letters from Iceland*, Faber and Faber Verlag, London 1967

15: Über die ersten isländischen Siedler in Kanada kann man nachlesen in Gudjon Arngrimsson: *Nýja Ísland – Saga of the Journey to New Iceland*, Turnstone Press, Winnipeg 2000.

16: Das amerikanische Reisebuch ist von John Ross-Browne: *The Land of Thor*, Harper, New York 1867

17: Island lag, gemessen am BIP pro Kopf, ab 2001 und noch im August 2008 zwischen Platz fünf und Platz zehn auf der Weltrangliste. Nach dem so genannten HDI (Human Development Index) war Island 2007/2008 sogar das »best entwickelste« Land der Welt.

18: Zahlen zur isländischen Wirtschaft und Gesellschaft findet man, auch mit englischen Erklärungen, auf der Webseite des Statistischen Büros von Island, www. statice.is

19: Andri Snaer Magnasons Buch »Draumalandid« gibt es inzwischen auf Englisch: *Dreamland – a self-help manual for a frightened nation*, Citizen Press, London 2008. Zu Karahnjukar: www.karahnjukar.is.

20: Zur Privatisierung der Landsbanki, siehe etwa *Morgunbladid*, 15/2 2003.

21: Über den Verkauf der Bravo Brauerei an Heineken, siehe die englische Ausgabe der *St. Petersburg Times*, 5/2 2002.

22: Den umstrittenen Artikel in *The Guardian* kann man auch im Internet nachlesen: http://www.guardian.co.uk/business/2005/jun/16/marksspencer

23: Styrmir Gunnarsson gebraucht diese Formulierung in einem Artikel über David Oddsson in dem Buch Ólafur Teitur Gudnason (Red.): *Forsætisráðherra Íslands*, Akureyri 2004.

24: Die Kritik der Staatsrevision kann man auf ihrer Website nachlesen.

25: Wirtschaftszahlen von Hagstofan, siehe Anmerkung zu S. 18. Den Wert der Banken konnte man in den Zeitungen verfolgen. Den Beschluss der Unabhängigkeitspartei von 2007 kann man auf ihrer Website nachlesen.

27: Über den Konkurs von Sterling Airways und die isländische Verkaufsgeschichte berichtete das isländische Internetmagazin *amx* ausführlich: http://www.amx.is/ frettaskyringar/2377/

28: *Morgunbladid* veröffentlichte am 7. März 2009 eine Liste der Kredite, die Kaupthing ihren Eigentümern gewährt hatte.

29: Das Zitat von Laxness stammt aus Halldór Laxness: *Weltlicht*, übersetzt von Hubert Seelow, Steidl Verlag, Göttingen 2000.

32: Das Interview mit Bankdirektor Sigurjon Arnason wurde im Isländischen Fernsehen (Stoed2 / Island i dag) am 1/8 2007 ausgestrahlt. Über die Entwicklung der Icesave-Konten konnte man auf den Webseiten der Banken nachlesen.

34: Die Rede von Geir Haarde in New York kann man auf Englisch auf der offiziellen Website des Premierministeriums lesen: http://www.forsaetisraduneyti.is/frettir/nr/2883

35: Zum Telefonat von David Oddsson und Geir Haarde siehe http://www.visir.is/article/20090320/FRETTIR01/271143332/1034 und ein Fernsehinterview mit David Oddsson am 24.2. 2008 (in ruv/Kastljos).

36–40: Die dramatischen Ereignisse der ersten Woche im Oktober siehe Olafur Isleifsson in *Frettabladid*, 15/10/2008

41: Das Zitat von Heinrich Böll stammt aus dem Buch *Unberechenbare Gäste* – Erzählungen, dtv, München 1992.

45: Die Information zur Verschuldung der isländischen Haushalte hat die Zentralbank am 11. März 2009 veröffentlicht, siehe auch die Website der Bank (auch auf Englisch), www.sedlabanki.is. Die Anekdote über die Icelandair-Maschine in London stammt aus einer verlässlichen Quelle, ist aber nicht öffentlich bestätigt.

46: Das Buch über den isländischen Präsidenten ist von Gudjon Fridriksson: *Saga af forseta*, Mál of menning, Reykjavik 2008.

47: Die Enthüllungen von *Morgunbladid* erschienen am 7. März 2009. Die Pressekonferenz von Gylfi Magnusson kann man hier verfolgen: http://mbl.is/mm/frettir/innlent/2009/03/24/margt_likt_med_islandi_og_enron/?ref=fphelst

48: Von Már Gudmundsson ist ein Artikel über das internationale Finanzwesen in der Zeitschrift *Skirnir* erschienen (1/2009) – auf ihn beziehe ich mich mehrmals in diesem Buch. Már Gudmundsson ist jedoch nicht für die Sätze »Die Habgier…« etc verantwortlich.

49: Der Artikel von Ingo Schulze war in der *Süddeutschen Zeitung* 7./8. März 2009 zu lesen.

51: Zitat aus Halldor Laxness: *Sieben Zauberer* – *Erzählungen*, deutsch von Hubert Seelow, Steidl Verlag, Göttingen 1990.

54: Die Chronologie der Proteste kann man auf der Website der »Stimmen des Volkes« nachlesen, www.raddirfolksins.org.

56: Dass Geir Haarde bereit war, David Oddsson zu opfern, ist in politischen Kreisen ein offenes Geheimnis, wurde aber nie öffentlich bestätigt.

169: Zum Auden-Zitat siehe S. 13.

173: Die Entwicklung des Aktien-Index kann man auf der Website der isländischen Börse verfolgen, auch auf Englisch: http://news.icex.is/

174: Die isländische Zentralbank veröffentlichte am 7. Mai eine Übersicht über die Schulden der isländischen Firmen sowie die des öffentlichen Sektors.

175: Über die unglaublichen Kundenreisen bei der Glitnir Bank berichtete z.B. www.dv.is am 3. Mai. Gylfi Magnússon, siehe Anmerkung zu S. 47. Die Resolution der Wirtschaftskammer kann man auf ihrer Website nachlesen, www.chamber.is.

176: Das Interview mit Sigurdur Einarsson wurde im isländischen Fernsehen (ruv) am 5. März 2009 ausgestrahlt.

179: Das Zitat stammt aus meinem Buch *Halldór Laxness – Eine Biographie*, übersetzt von Helmut Lugmayr, btb Verlag, München 2007.

182: Zur Kritik des hemmungslosen Marktes siehe zum Beispiel Pall Skulason in *Skírnir* 1/2008.

186: Über die baskisch-isländischen Wörterbücher gibt es einen Artikel von Helgi Gudmundsson in *Íslenskt mál og almenn málfræði* 1/1979.